Summer Rayne Oakes
Pflanzenliebe

W0194930

mosaik

SUMMER RAYNE OAKES

PFLANZEN-LIEBE

Warum uns ein grünes Zuhause glücklich macht

Aus dem Amerikanischen
von Imke Brodersen

Mit Illustrationen von Mark Conlan

mosaik

Die amerikanische Originalausgabe erschien 2019 unter dem Titel
»How to Make a Plant Love You« bei Optimism Press, New York.

Wir haben uns bemüht, alle Rechteinhaber ausfindig zu machen,
verlagsüblich zu nennen und zu honorieren. Sollte uns dies im Einzelfall
aufgrund der schlechten Quellenlage bedauerlicherweise einmal nicht möglich
gewesen sein, werden wir begründete Ansprüche selbstverständlich erfüllen.

Sollte diese Publikation Links auf Webseiten Dritter enthalten,
so übernehmen wir für deren Inhalte keine Haftung,
da wir uns diese nicht zu eigen machen, sondern lediglich auf
deren Stand zum Zeitpunkt der Erstveröffentlichung verweisen.

 Dieses Buch ist auch als E-Book erhältlich.

Verlagsgruppe Random House FSC® N001967

1. Auflage
Deutsche Erstausgabe März 2020
Copyright © 2019 der Originalausgabe: Summer Rayne Oakes
Copyright © 2020 der deutschsprachigen Ausgabe: Mosaik Verlag, München,
in der Verlagsgruppe Random House GmbH,
Neumarkter Str. 28, 81673 München
All rights reserved including the right of reproduction
in whole or in part in any form.
This edition published by arrangement with Optimism Press,
an imprint of Penguin Publishing Group,
a division of Penguin Random House LLC
Illustrationen: Mark Conlan
Umschlag: Sabine Kwauka
Umschlagmotiv: Shutterstock/deckorator, Rebellion Works
Satz: Uhl + Massopust, Aalen
Druck und Bindung: CPI books GmbH
Printed in Germany
KW · CF
ISBN 978-3-442-39362-6
www.mosaik-verlag.de

Besuchen Sie den Mosaik Verlag im Netz

Für all die Pflanzen, die mich als Lehrmeister,
Partner und Landsleute begleiten –
weil ich über die Jahre so viel von euch lernen durfte
und
für all die Pflanzenverrückten da draußen,
die ihre Pflanzen innig lieben.
Möget ihr euer Heim und diese Erde
weiterhin begeistert begrünen.

INHALT

EIN BRIEF VON SIMON SINEK

Das Ziel ist klar: Eine Welt zu gestalten, in der die allermeisten Menschen jeden Morgen voller Tatendrang aufwachen, sich bei der Arbeit wohlfühlen und abends erfüllt nach Hause kommen. Für mich führt der beste Weg, eine solche Welt zu gestalten, über Vorreiter. Gute Anführer. Bewundernswerte Anführer. Und deshalb bin ich beruflich unablässig auf der Suche nach Menschen, die andere auf eine Weise führen, die diese Vision wahrscheinlicher werden lässt – solche Leute möchte ich finden, ausbilden und unterstützen.

Doch leider wird Führungstalent meist gründlich missverstanden. Führen hat nichts mit einem höheren Rang zu tun und auch nichts mit Macht. So etwas kann mit einer Führungsposition einhergehen – und es kann eine Führungskraft dabei unterstützen, effizienter und in größerem Maßstab vorzugehen –, aber das ist es nicht, was gute Führung ausmacht. Bei Führungstalent geht es nicht um die Autorität, sondern darum, diejenigen im Blick zu behalten, für die wir verantwortlich sind. Das ist ein typisch menschliches Bestreben. Und zu einem guten Anführer gehört auch, dass er oder sie die Lektionen, das Handwerkszeug und die Ideen weitergibt, die jedem Einzelnen von uns helfen, die Führungskraft zu werden, die wir immer gern selbst gehabt hätten. Dieses Buch gehört zu diesen Ideen.

Ich habe mich sofort in das Konzept verliebt, weil *Pflanzenliebe* eine Metapher dafür ist, wie wir andere Menschen sehen (und häufig auch behandeln).

Es erinnert uns auf sanfte, aber unmissverständliche Weise daran, wie wichtig unsere Umwelt ist. Wie wir mit unseren Zimmerpflanzen umgehen, sagt viel über uns aus: Wir finden eine Pflanze, die wir mögen, und stellen sie an einen Platz, wo sie optimal zur Geltung kommt. Und dann erwarten wir, dass sie dort gedeiht. Diese Strategie führt jedoch leider oft dazu, dass die Pflanze vor sich hin kümmert oder gar abstirbt. Denn wir sollten uns erst die Pflanze genauer ansehen und ihr dann eine Umgebung anbieten, in der sie sich entfalten kann – dasselbe gilt auch für Menschen.

Jemand, der die passenden Kenntnisse für eine bestimmte Aufgabe hat, ist durchaus zu finden. Dann weist man dieser Person ihren Arbeitsplatz zu und geht davon aus, dass sie ihre Sache gut machen wird. Auch diese Strategie erhöht leider die Wahrscheinlichkeit, dass unser Kandidat sich nicht sonderlich gut schlägt oder sich nicht optimal entwickelt. Doch dagegen kann man etwas tun!

Für die einen ist *Pflanzenliebe* ein Buch darüber, wie man seine Pflanzen pflegen und behandeln soll. Wer sich jedoch mit den Gedankengängen auseinandersetzt, auf denen das Konzept beruht, entdeckt wertvolle Lektionen darüber, wie man auf *Menschen* besser eingehen und sie besser behandeln kann – zuallererst uns selbst. Summer Rayne lädt uns zu einer Reise ein, die uns offenbart, wie nachdrücklich die von uns gestaltete Umgebung unser Leben und das Leben anderer beeinflusst. Wenn wir lernen, uns zu fragen, was eine Pflanze von uns braucht (und nicht, was wir von ihr wollen), lernen wir zugleich, uns diese Frage auch in Bezug auf Menschen zu stellen. Diese Veränderung der Sichtweise macht gute Führung aus. Und wenn wir alle diesen Perspektivwechsel lernen können, wird unser Umfeld und unser Leben mit einem Mal erstaunlich lebendig.

Viel Freude beim Pflanzen und Begeistern!

Simon Sinek

VORWORT VON WADE DAVIS

Dieses Buch ist eine Liebeserklärung, die dazu einlädt, sich auf die Wunder der Botanik einzulassen – auf all die herrlichen Orchideen und Begonien, auf die Aronstabgewächse und Fuchsien, auf die zarten Farne und die aus fernen Welten hereinwehenden Bromelien, die in der Wildnis gedeihen und so bereitwillig in unser Heim und unser Leben einziehen. Wenn Summer Rayne Oakes erzählt, wie die Pflanzen ihr Leben verändert haben, liefert sie zugleich eine Richtschnur, an der entlang ihre Leser eine gleichermaßen lohnende wie aufschlussreiche Beziehung entdecken können.

Wenn Summer Rayne uns an ihrer wundersamen Reise teilhaben lässt, die aus einem international gefragten Model, das als Ökoaktivistin überall und nirgends zu Hause war, zu einer geerdeten, pflanzenbesessenen Gartenbauexpertin mit einer überwucherten Stadtwohnung wurde, konfrontiert sie uns mit einem fundamentalen Paradox: Wir alle lieben die Natur. Doch obwohl Pflanzen fast 80 Prozent der Biomasse unserer Welt ausmachen, wissen die meisten von

Botanik fast nichts. Im Handel erkennen wir Hunderte von Produkten, sind aber kaum in der Lage auch nur eine blühende Pflanze korrekt zu benennen.

Ohne Pflanzen gäbe es kein intelligentes Leben. Das Wunder der Photosynthese gestattet grünen Blättern, die Energie der Sonne in sich aufzunehmen, Nahrung zu erzeugen und die Atmosphäre mit Sauerstoff anzureichern, ohne den wir nicht leben könnten. Kinder aller Nationen werden angehalten patriotische Schlagwörter, Gedichte, Gebete und Lieder wiederzugeben, aber höchstens eines von einer Million wird nach dem fundamentalen Rezept des Lebens gefragt: die Stoffwechselreaktionen, über die Kohlendioxid und Wasser unter dem energetischen Einfluss der Photonen des Lichts zu Kohlenhydraten und Sauerstoff werden.

Mit dieser Aussage möchte ich niemanden verurteilen, denn auch ich erfuhr erst spät von der wahren Bedeutung der Pflanzen. Wie Summer Rayne habe auch ich die Natur schon als Kind geliebt und so oft wie möglich die Wälder und Berge meiner Heimat durchstreift. Doch obwohl ich irgendwann sogar Biologie studierte und in Ethnobotanik promovierte, habe ich an der Universität erst nach zwei Jahren meinen ersten Botanikkurs belegt. In meiner Jugend (insbesondere an der Highschool) verband ich Biologie mit Formaldehyd, zerlegten Ratten und Laboranten in weißen Kitteln in chemiegeschwängerten Räumen. Erst mit der Zeit fand ich heraus, dass manche Biologielehrer zwar wirklich furchtbar langweilig sind, Pflanzen hingegen niemals, und dass ein Botanikstudium in Wahrheit ein Fenster ist, das uns unmittelbar die Essenz des Lebens selbst offenbart.

Mit zwanzig machte ich erste Bekanntschaft mit der überwältigenden und doch subtilen Vielfalt des Amazonas-Regenwalds. Blüten gibt es dort kaum, schon gar keine Kaskaden von Orchideen – nur Grün in tausendfachen Schattierungen, unzähligen Formen und Oberflächen. Wenn man dort ganz still wird, hört man das unablässige Vibrieren biologischer Aktivität, Evolution auf Hochtouren sozusagen. Am Wegesrand wuchern Ranken am Fuß der Bäume, und die krautigen Helikonien und Korbmaranten weichen breitblättrigen Aronstabgewächsen, die im Dämmerlicht emporklettern. Über einem sind Lianen um gewaltige Bäume drapiert und verbinden das Blattwerk des Waldes zu einem einzigen, in sich verwobenen Stoff des Lebens.

Anfangs verstand ich so wenig von Pflanzen, dass ich den tropischen Regenwald lediglich als zusammenhangloses Gewirr aus Formen und Farben ohne tiefere Bedeutung empfand, als Ganzes schön, aber letztlich unverständlich und fremd in seiner Exotik. Erst durch die Linse des Botanikers bekamen die Einzelteilchen dieses Mosaiks plötzlich Namen. Die Namen zeigten Beziehungen auf, und die Beziehungen gaben ihre Bedeutung preis. Das war für mich die große Erkenntnis der Botanik.

Mein Partner auf dieser Entdeckungsreise war Timothy Plowman, der Schützling des legendären Richard Evans Schultes, der sich so um die Erforschung der Regenwaldpflanzen verdient gemacht hat. Inspiriert von unserem wunderbaren Professor (immer von seinem Geist getrieben und ermöglicht durch seine Großzügigkeit) reisten Tim und ich Mitte der 1970er Jahre quer durch Südamerika, denn wir mussten die Anden überqueren, um die Wolkenwälder und abgelegenen Zuflüsse zu erreichen, die später in den Amazonas mündeten. Tim war ein begnadeter Mentor, ein guter Freund und ein brillanter Botaniker – einer der wenigen, die eine taxonomische Klassifizierung vornehmen können, indem sie einfach nur eine Blüte ins Licht halten.

Während Tim und ich uns nach Süden vorarbeiteten und dabei mehrere tausend Pflanzen für das Herbarium sowie viel lebendes Material für die botanischen Gärten dieser Welt zusammentrugen, erschien ein Buch, das mit viel Wirbel behauptete, dass Zimmerpflanzen auf Musik und menschliche Stimmen reagieren. Tim hielt diese Vorstellung für ziemlich befremdlich. »Was kümmert eine Pflanze Mozart?«, fragte er. »Und selbst wenn, warum sollte uns das beeindrucken? Ich meine, sie essen *Licht*. Reicht das nicht?«

Und dann sprach Tim von der Photosynthese, wie ein Künstler seine Farben beschreibt. Er erklärte mir, wie dieser Prozess sich in der Dämmerung umkehrt und Pflanzen tatsächlich kleine Mengen Licht ausstrahlen. Den Pflanzensaft bezeichnete er als das grüne Blut der Pflanzen, denn Chlorophyll sei strukturell fast dasselbe wie unser Blutpigment, nur hätten die Pflanzen kein Hämoglobin, sondern Eisen. Er sprach auch davon, wie Pflanzen wachsen, dass ein Grassamen pro Tag 96,6 Kilometer Wurzelhärchen erzeugt und im Laufe eines Sommers volle 9656 Kilometer, dass eine Heuwiese jeden Tag 500 Tonnen Wasser an die Luft abgibt, dass eine Blüte zehn Zentimeter Asphalt durchdringen kann, dass ein einziges Birkenkätzchen fünf Millionen Pollen bildet und dass ein Baum 4000 Jahre alt werden kann. Der Stamm einer Hemlocktanne ist ein Wunder der Biologie, denn er kann viele tausend Liter Wasser speichern und Zweige ausbilden, die mit 70 Millionen Nadeln besetzt sind, die alle das Sonnenlicht einfangen. Wenn diese Nadeln aus dem Boden sprießen würden, würden die Nadeln eines einzelnen Baumes eine photosynthetische Oberfläche von der Größe von mehr als zehn Fußballfeldern darstellen.

In Gegensatz zu allen anderen Botanikern, die ich damals kannte, war Tim nicht vom Drang zur Klassifizierung besessen. Für ihn waren die lateinischen Namen wie Poesie, wie ein buddhistisches Kōan. Er konnte sie sich mühelos einprägen und sich für ihre Ableitungen begeistern. »Wenn du Pflanzennamen aussprichst«, sagte er mir, »sagst du die Namen der Götter.«

Zu unseren diversen botanischen Entdeckungen während dieser langen Monate im Feld zählte eine Reihe neuer Halluzinogene, die wir durch permanente Selbstversuche ermittelten. Professor Schultes scherzte einst, Tim und ich hätten uns quer durch die Wälder und Hecken der Anden und des oberen Amazonas genagt. Einmal wollte ich mit unserem verehrten, aber als sehr konservativ bekannten Professor nach einem derartigen Versuch eine Erkenntnis teilen. Auf einem Stück Karton, das ich in der Wüste gefunden hatte, notierte ich einen Satz, den ich später nach Harvard telegrafieren wollte: »Lieber Professor Schultes«, stand dort, »wir sind alle wandelnde Pflanzen.« Tim warnte mich jedoch, und zum Glück wurde diese Nachricht nie übermittelt.

So ungeschickt eine solche Botschaft damals gewesen wäre, enthielt sie jedoch durchaus ein paar Körnchen Wahrheit. Das Leben hat sich einst im Meer entwickelt. Tiere lernten das Laufen. Pflanzen schlugen Wurzeln. Tiere entwickelten Organe, in denen alle überlebenswichtigen Funktionen konzentriert waren. Pflanzen hingegen verteilten diese Funktionen im gesamten Organismus, wodurch ihr gesamter »Körper« über Respiration und Photosynthese atmen und Nahrung erzeugen konnte. Da für eine derartige dezentralisierte Produktionsstruktur kein Gehirn erforderlich war, entwickelten die Pflanzen auch keines. Jede grüne Oberfläche erzeugt Nahrung. Das Wunder der Pflanzen ist nicht die Möglichkeit, dass sie auf Mozart, Beethoven oder die Beatles reagieren könnten, sondern eher ihre Existenzform, würde Tim wohl sagen. Die Vorstellung, sie würden mit uns Menschen gemäß unseren Bedingungen kommunizieren, beruht auf einer Überheblichkeit, die in erster Linie beweist, wie wenig wir anerkennen, was Pflanzen als lebende Organismen in Jahrmillionen im Zuge von intensivem evolutionärem Druck und Wettbewerb erreicht haben.

Damit will ich nicht einmal ansatzweise andeuten, dass die Wissenschaft im Reich der Botanik alles entdeckt hätte, was es hier zu entdecken gibt. Wie Summer Rayne in diesem wunderbaren Buch schildert, erstaunen uns die Pflanzen unablässig mit schwer erklärbaren Fähigkeiten, die den Grenzen unserer Vorstellungskraft trotzen. Nehmen wir zum Beispiel die gewöhnliche *Mimosa pudica,* einen Bodendecker, den viele als Sensibelchen wahrnehmen. Wenn man ihre Blätter berührt, klappen sie defensiv zusammen und kehren nur allmählich zu ihrer normalen Form zurück, um ihre photosynthetisch aktiven Oberflächen voll der Sonne zuzuwenden. Berührt man dieselbe Pflanze jedoch mehrfach nacheinander, so reagiert sie irgendwann nicht mehr auf diesen taktilen Reiz. Daraus lässt sich nur ableiten, dass die Pflanze diese Berührung irgendwie eigenständig als ungefährlich einstuft. Und das wiederum spricht dafür, dass sie ein gewisses Erinnerungsvermögen besitzt – in welcher Form auch immer.

Ein anderer Hinweis auf gezieltes »Verhalten« von Seiten der Pflanzen lässt sich in den Regenwäldern der gemäßigten Zonen an der nordwestlichen Pazifikküste beobachten. Das zentrale Element dieser Wälder sind die Myzelien von Hunderten von Pilzarten. Das Myzel oder Pilzgeflecht ist die vegetative Phase eines Pilzes, kleine haarfeine Pilzfäden, welche die organische Schicht des Bodens durchziehen, Nährstoffe aufnehmen und Abbauprodukte aussondern. Der Pilz ist lediglich der Fruchtkörper, welcher der Vermehrung dient. Ein wachsendes Myzel trifft immer wieder auf Baumwurzeln, und mit der richtigen Baumart beginnt ein bemerkenswertes biologisches Ereignis: Myzel und Baum bilden gemeinsam *Mycorrhizae* aus, symbiotische Partnerschaften zum beiderseitigen Nutzen. Der Baum versorgt den Pilz mit Zucker, den er zuvor aus Sonnenlicht erzeugt hat. Das Myzel wiederum erleichtert dem Baum die Aufnahme von Nährstoffen und Wasser aus dem Boden. Außerdem produziert es wachstumsregulierende Stoffe, welche die Ausbildung neuer Wurzeln fördern und das Immunsystem stärken. Ohne diese Verbindung könnte kein Baum gedeihen. Die Westamerikanische Hemlocktanne ist auf ihre Mykorrhiza-Pilze derart angewiesen, dass ihre Wurzeln kaum die Erdoberfläche durchdringen, obwohl ihr Stamm in den Himmel ragt. Aber es wird noch besser: Inzwischen hat sich herausgestellt, dass Bäume ihren Zucker selektiv über das Myzelgeflecht verteilen, um sicherzugehen, dass die Setzlinge des Mutterbaums Priorität haben. Erst danach dürfen andere Setzlinge derselben Spezies versorgt werden und ganz zum Schluss sonstige pflanzliche Waldbewohner. Der Baum kennt die Seinen so genau, wie eine Mutter die Gegenwart ihres Kindes spürt.

Pflanzen können sogar »sehen«, was zumindest eine botanische Anpassungsform vermuten lässt. *Boquila trifoliolata* ist eine monotypische Gattung blühender Pflanzen aus der Familie der Lardizabalaccac, dic in dcn gemäßigten Wäldern von Zentral- und Südchile sowie Argentinien heimisch sind. Diese Kletterpflanze erzeugt Blattwerk, das in Größe, Form und Umfang die Blätter des Wirtsbaums imitiert. Falls die Ranken jedoch eine zweite, andere Spezies erreichen, so wachsen an derselben Boquila-Ranke Blätter, die dem Erscheinungsbild des zweiten Wirts gleichen. Für ein derartiges Kunststück muss die Schlingpflanze wahrnehmen können, wie ihre Nachbarn aussehen, und das kann sie: Außenliegende Zellen fungieren als grobe Linse, welche die Morphologie der beiden Wirtspflanzen in den Fokus rückt.

All dies zeigt, dass wir keineswegs zu Mystikern werden (oder den Pflanzen in unserer Hybris menschliche Eigenschaften zuweisen) müssen, um ihre wundersamen Eigenschaften zu würdigen. Es ist so, wie Summer Rayne in diesem so spielerischen und doch genialen Buch schreibt: Man muss nur einen Samen pflanzen, um zu erleben, wie sich das wahre Wunder des botanischen Lebens entfaltet.

Wade Davis

EIN PAAR WORTE VORAB

Dieses Buch soll eine Art Beziehungsratgeber sein – ein Handbuch, mit dem du Pflanzen und Pflanzenwissen in dein Umfeld einführen kannst, um einzigartige Zusammenhänge zu entdecken und dein Leben dank dieser besonderen Beziehung um neue Dimensionen zu erweitern. Es handelt sich nicht um ein Lehrbuch im engeren Sinne, es enthält jedoch Fachbegriffe wie lateinische Pflanzennamen oder Bezeichnungen für Pflanzenteile, die zunächst fremd klingen, aber nützlich sind, wenn man sich näher mit Pflanzen befassen und herausfinden will, wie sie und wir gemeinsam gedeihen können. Solche Begriffe werde ich nach Möglichkeit erklären, teils durch Definitionen, teils durch Metaphern, um dir die vielleicht ungewohnten Konzepte nahezubringen.

Wenn ich eine Pflanzenart zum ersten Mal erwähne, nenne ich jeweils auch ihren lateinischen Namen als wissenschaftliche Bezeichnung, weil Pflanzen sich in der Botanik dadurch leichter gruppieren, kategorisieren und identifizieren lassen. Das sorgt für weniger Verwirrung, zumal gebräuchliche oder umgangssprachliche Pflanzennamen stark variieren. Zu den üblichen Bezeichnungen für *Monstera deliciosa* mit ihren großen, geschlitzten Blättern (die für manche »monströs« aussehen) und ihren köstlichen, essbaren Früchten (daher der Zusatz *deliciosa)* gehören beispielsweise Fensterblatt, Köstliches Fensterblatt, mexikanische Brotfrucht oder Schweizer-Käse-Pflanze (zwei direkte Übersetzungen, die im Handel zunehmend geläufig werden) sowie mitunter auch (fälschlicherweise) Philodendron. Insofern verwende ich gängige Bezeichnungen grundsätzlich erst nach einer ersten Einführung der Pflanze mit ihrem botanischen Namen.

Doch selbst Botaniker machen Fehler. Oder sie finden neue Details heraus, die ihnen helfen, eine Pflanze besser zu kategorisieren, zum Beispiel, dass die Blätter von bestimmten Philodendron-Arten mit zunehmendem Alter ihre Form verändern, sodass etwas, was zunächst als andere Spezies galt, mit einem Mal als dieselbe Spezies in einem anderen Alter erkannt wird. In diesen Fällen verwende ich den aktuellsten lateinischen Namen gemäß den Definitionen aus peergeprüften wissenschaftlichen Veröffentlichungen und der offiziellen Liste »The Plant List« (www.theplantlist.org), einem Gemeinschaftsprojekt der Royal Botanic Gardens, Kew, und des Missouri Botanical Garden, die für alle bekannten Pflanzenarten als die aktuellste Arbeitsversion gilt.

Die wissenschaftlichen Bezeichnungen umfassen in der Regel einen Gattungsnamen (Genus) und eine nachfolgende Bezeichnung der jeweiligen Art (Spezies). Die *Gattung* bezeichnet eine taxonomische Gruppe, die aus einer oder mehreren Arten besteht. Die *Spezies* bezieht sich auf eine Gruppe einzelner Pflanzen mit bestimmten Schlüsselmerkmalen, die sich jedoch von anderen Mitgliedern dieser Gattung unterscheiden. Botanische lateinische Namen werden normalerweise kursiv geschrieben, wobei die Gattung groß geschrieben wird und die Spezies klein. Ein Beispiel wäre *Peperomia fraseri*, der wissenschaftliche Name für eine Pflanze, die auch als Zierpfeffer oder Zwergpfeffer bekannt ist. Wenn eine bestimmte Art noch unbekannt oder nicht spezifiziert ist, bekommt sie nach dem Gattungsnamen den Zusatz »sp.«, also hier *Peperomia* sp.

Neben diesem Fachchinesisch wird dir bald auffallen, dass wir vor den Erklärungen, »wie« etwas zu tun ist, zunächst das »Warum« beleuchten. Ich stelle immer wieder fest, dass ich die Pflanzen, mit denen ich mich umgebe (und die meiner Meinung nach auch selbst beschlossen haben, bei mir zu leben), dank der Frage, *warum* etwas so ist, wie es ist, weitaus besser verstehe.

Und schließlich wirst du merken, dass dieses Buch aus persönlichen Geschichten gestrickt ist, meinen und denen anderer Menschen, die ihr Leben mit Pflanzen bereichern. Ich hoffe, dass diese Erfahrungen aus erster Hand Freude am Umgang mit Pflanzen vermitteln und zeigen, wie sehr es sich lohnt, mehr über Pflanzen zu erfahren und mit ihnen zu leben. Wir alle können so viel von ihnen lernen, weil Pflanzen auf ihre Weise unablässig kommunizieren – wir müssen nur wieder auf sie hören.

Summer Rayne Oakes

EINLEITUNG

Ich weiß noch nicht, warum Pflanzen aus der Erde sprießen oder in Flüssen treiben, Steine besiedeln oder aus dem Meer emporwachsen. Mich fasziniert ihr Mysterium, und ich kann mich in der Vielfalt der Arten verlieren. Überall sind sie zu sehen und zugleich überall ein Geheimnis.

– *Liberty Hyde Bailey*

· · · · · · · · · · · · ·

»*Pflanzen beruhigen mich. Als ich die ersten Pflanzen für meine Wohnung kaufte, war das, als würde ein Lichtschalter angeknipst, der mir zeigte, dass ich die ganze Zeit im Dunkeln gelebt hatte. Warum das so ist, kann ich nicht sagen, nur dass es so ist.*«

– *Tomas*

Schon viele Jahre wollte ich ein Buch über Pflanzen schreiben. Als Kind habe ich viel Zeit im Freien verbracht. Im Frühling und Sommer rannte ich durch Wiesen voller Wiesen-Lieschgras *(Phleum pratense),* wonach meine nackten, sonnengebräunten Beine von Streifen aus Zikadenschaum und roten Schrunden von rauem, kieselsäurereichem Rohrschwingel *(Festuca arundinacea)* und Weidelgras *(Lolium perenne)* überzogen waren. In den kühleren Herbstmonaten begeisterte mich die Farbenpracht der Landschaft, die mit ihren scharlachroten, rostroten und goldgetupften Blättern wie verwandelt war. Und wenn ich im Winter mit den Handschuhen alabasterfarbenen Schnee aufnahm, entdeckte ich häufig smaragdgrünes Moos, das in seinen kleinen Iglus gut geschützt auf dem Waldboden überwinterte.

Es ist schwer, in Worte zu fassen, wie lebendig ich mich inmitten all der feinen Zusammenhänge und Geheimnisse der Natur dort draußen fühle. Deshalb bringe ich auch beruflich viel Zeit damit zu, die Menschen wieder mit der Natur zu verbinden. Irgendwann führte mich mein Weg nach New York City, wo ich Schmetterlingsnetz und Stiefel zwangsläufig an den Nagel hängte und das Leben, das ich kannte, weitgehend aufgab. Dieses Opfer habe ich gebracht, um herauszufinden, wie Stadtbewohner über die Dinge, die sie regelmäßig konsumieren – also Kleidung, Kosmetik und Ernährung – und über ihr Alltagsverhalten – etwa die Zubereitung und der Verzehr von regional erzeugten Produkten (dazu später mehr) – wieder in Kontakt mit ihrer Umwelt kommen können. Aber ich konnte nicht mehr einfach ins Freie treten und in die Natur eintauchen. Also musste ich die Natur zu mir holen und lernen, wie ich meine eigene Wohnung und mein städtisches Umfeld grün gestalten konnte. Dazu musste ich mir allerdings in einem völlig anderen Kontext einen völlig neuen Bezug zur Pflanzenwelt erarbeiten.

Für den Anfang kaufte ich mir vor mittlerweile zehn Jahren eine Geigenfeige *(Ficus lyrata)* fürs Schlafzimmer. Danach wuchs die Sammlung meiner grünen Begleiter Blatt für Blatt, Wedel für Wedel und Blüte um Blüte. Ich entdeckte Pflanzen am Straßenrand, in uralten Blumenkästen, auf Wochenmärkten und in Geschäften. Manche bahnten sich mutig einen Weg durch Risse im Pflaster, und viele fanden bei mir ein Zuhause. Ich setzte sie in robuste Terrakottatöpfe, besorgte hübsche Übertöpfe, nutzte Küchensiebe (phantastische Entwässerung!), geflochtene Körbe, Einmachgläser und jede Menge alter Teedosen. Ständig war ich auf der Suche nach preisgünstigen Methoden und freien Plätzen, wo ich meine Pflanzen höchst erfinderisch aufstellen, aufhängen, einstecken, verankern, sichern oder anderweitig anbringen konnte, um die Anzahl und Begrenztheit der Fensterbänke zu erweitern. Dabei beschlagnahmte ich Wände, Türpfosten, Balken und eine auf der Straße entdeckte Rankhilfe. Irgendwann beherbergten meine »Hängenden Gärten von Brooklyn«, wie sie im Freundeskreis scherzhaft genannt werden, rund 550 Pflanzenarten und Kulturpflanzen mit über 1000 Exemplaren.

Offenbar trafen meine Bemühungen den Zeitgeist. Verblüfft stellte ich fest, dass mein grünes Apartment viral ging. Innerhalb weniger Monate wurden die Videos zu den Pflanzen bei mir zu Hause millionenfach geklickt und die Geschichten zigmal geteilt. Ging es nur um die Absonderlichkeit des Ganzen? Das glaube ich kaum. »Frau lebt zwischen Hunderten von Zimmerpflanzen« ist vielleicht eine Schlagzeile, die viele Klicks bringt, aber ich hatte das Gefühl, dass mehr dahintersteckte. Es ging den Leuten nicht nur um neue Wohnideen oder um Innenarchitektur. Inzwischen wusste ich, dass Pflanzen weit mehr waren als begehrte Dekoelemente. Zahllose Menschen hatten mir Geschichten geschickt (die teilweise auch in diesem Buch vorkommen), auf wie vielfältige Weise sich ihr Leben verbessert hatte, seit sie mit Pflanzen zusammenwohnten:

 »Ich liebe die bessere Luft im Wohnzimmer. Die Farbe, die meine Pflanzen in die Wohnung bringen, macht mich spürbar glücklicher. Mein Souterrain-Apartment hat keine Fenster, deshalb war ich sehr glücklich, dass meine Pflanzen auch bei Kunstlicht gediehen.«
– Alamay

»Mein Mann und ich mögen Pflanzen sehr. Die Luft kommt uns reiner vor, und es ist sehr beruhigend, sie schon beim Aufwachen auf der Fensterbank zu sehen. Wenn ich sie pflege und gieße, werde ich ruhig und konzentriert, als ob ich einen kleinen Erfolg erzielen würde. Wenn sie Knospen treiben und blühen oder einfach wachsen, habe ich das Gefühl, auch selbst zu wachsen. Und wenn ich sie mit Naturdünger versorge, erinnert mich das daran, auch mich selbst gut zu ernähren.«
– Sarah A. @clandestine_thylacine

 »Eine Umgebung voller Pflanzen steckt für mich voller Energie. Es duftet intensiv nach Grün, und diese Luft ist für mich sehr erfrischend. Es entspannt mich, wenn ich mich um meine Pflanzen kümmere. Ich halte inne, wenn ich prüfe, ob ich Blätter abschneiden muss, und wenn ich sie gieße, erinnert mich das daran, dass sie ihren eigenen Rhythmus haben. Bei meinen Pflanzen fühlt sich mein Leben gut und angenehm an.«
– Madeline T.

 »Ich dachte immer, ich bringe jede Pflanze um – ich hätte bestimmt keinen grünen Daumen. Die Geburt meines Sohnes verlief für mich traumatisch, und ich verfiel danach in eine Wochenbettdepression, die mich an einen pechschwarzen Ort führte. Auf Anraten einer Freundin, die Gartentherapeutin ist, schaffte

ich mir Pflanzen an. Je besser ich lernte, mich um die Pflanzen zu kümmern, sie wahrzunehmen und ihr Gedeihen zu beobachten, desto besser konnte ich auch erkennen, wie gut mein Kind gedieh.«
– Liz

»Wenn ich merke, dass ich Angst bekomme, muss ich aktiv etwas berühren, um mich abzulenken. Normalerweise topfe ich dann meine Zimmerpflanzen um, entwirre ihre Wurzeln und sorge dafür, dass sie Raum haben, um zu wachsen und zu atmen. Oder ich sitze einfach da und betrachte ihr einzigartiges Blattwerk. Manchmal zeichne ich, was ich sehe. Tagsüber lege ich mich auch ein paar Minuten zu ihnen in die Sonne. Das erinnert mich daran, tiefer zu atmen.«
– Ivy

Bei den Nachrichten, die Pflanzenfreunde mir schicken, fällt mir immer wieder auf, wie naturfern viele von uns zu leben scheinen und wie gut es uns tut, wenn wir schließlich doch wieder einen Weg zur Natur und zu den Pflanzen finden. Warum also wagen nicht mehr Menschen diesen Schritt?

Wahrscheinlich scheuen sie davor zurück, weil sie glauben, sie müssten ihr Leben gründlich umkrempeln. Unsere herkömmliche Gartenkultur hat mit der rasanten Landflucht und dem Zuzug in die Städte nicht Schritt gehalten. Momentan können nur die Wenigsten ein Stückchen fruchtbare Erde ihr Eigen nennen.

Dennoch ist die Erfahrung meiner Kindheit, inmitten von Pflanzen zu leben, zum Greifen nahe. Auch für Menschen, die in einer kleinen Stadtwohnung leben, von Pflanzen keine Ahnung haben, viel zu viel um die Ohren zu haben glauben, um sich um etwas Lebendiges zu kümmern, sich nicht gerade als Naturfreund sehen oder davon überzeugt sind, keinen grünen Daumen zu besitzen. Mit den Tricks, Geisteshaltungen und Strategien, die ich mir angeeignet habe, lassen sich Pflanzen mit ihren lebensspendenden Qualitäten auch in dein Leben einbinden, ganz gleich, wo du lebst und wie viel Erfahrung du hast. Dabei lernst du nicht nur, dein Leben durch Pflanzen zu bereichern (und diese am Leben zu halten!), sondern auch, wie man emotional in einen Mensch-Pflanze-Dialog eintritt, der unschätzbare Lektionen über uns selbst und unseren Platz hier auf Erden birgt.

In diesem Buch geht es um Pflanzen, ja, aber *Pflanzenliebe* ist kein klassischer Ratgeber zur Pflanzenpflege. Es ist eher ein Beziehungsratgeber. Ob uns das bewusst ist oder nicht – ab dem Moment unserer Geburt sind Pflanzen ein integraler Bestandteil unseres Lebens. In vielen Fällen bemerken wir sie nicht einmal, und wenn doch, dann eher als interessante Hintergrundobjekte oder hübsche Dekoration. Es mag banal klingen, aber Pflanzen sind lebende, atmende Wesen, und es kann ungeheuer lohnend sein, dies anzuerkennen und sie bewusster in das eigene Leben einzubeziehen. Mit der nötigen Motivation kann jeder lernen, mit Pflanzen zu leben und eine Beziehung zu ihnen aufzubauen. Doch in der Beziehung zu Pflanzen ist es mit dem Befolgen von Pflegetipps genauso wenig getan wie beim Aufbau einer starken, gesunden und erfüllenden Beziehung zu einem Menschen. Solide, lebenslange, erfüllende Beziehungen erfordern eine ordentliche Portion Beobachtungsgabe, Respekt, Bemühen, Verständnis und Liebe. All diese Aspekte werden in diesem Buch angesprochen.

Selbstverständlich verrate ich auch, wie du dich noch besser um deine Pflanzen kümmern kannst. Aber diese Fertigkeit ist nur eines von vielen Dingen, die du bestenfalls aus diesem Buch mitnimmst. Echte Freundschaft zu Pflanzen kann nämlich weit mehr bewirken. Im Grunde genommen geht es in diesem Buch um die Ausbildung von Alltagsfähigkeiten und sinnvollen Ritualen, die über die Beziehung zu den Pflanzen auch unser sonstiges Leben positiv beeinflussen können – einschließlich einer gesünderen, besseren Beziehung zu uns selbst, unseren Mitmenschen und unserer Heimat auf dieser Erde. Davon profitieren nicht nur die Pflanzen, die wir bewusst in unser Heim aufnehmen, sondern auch diejenigen, die uns sonst kaum auffallen: das zähe Unkraut, das aller Wahrscheinlichkeit zum Trotz in der Ritze im Gehweg überlebt, die Pflanzen im Gemeinschaftsgarten eine Straße weiter, die liebevoll von Ehrenamtlichen gepflegt werden, die Bäume jener großen, geheimnisvollen Wälder, die wir wie ein Märchen vor dem inneren Auge sehen, eine ferne Erinnerung, die tief und feucht in unserem Erbgut verankert ist – eine Mahnung, dass wir letztlich alle dem irdischen Leib von Mutter Natur entstammen.

In diesem Buch skizziere ich, wie sich unsere Gesellschaft immer weiter von den Pflanzen entfernt hat und wie wir sie – anders und auf neue Weise – wieder in unser Leben integrieren können. Außerdem möchte ich dazu ermutigen, die eigene Sichtweise auf Pflanzen zu erweitern und das Leben öfter aus der Pflanzenperspektive zu betrachten. Je besser wir uns nämlich mit Pflanzen auskennen, desto mehr kommen wir mit uns selbst in Kontakt. Selbsterkenntnis und Beobachtung lassen uns nicht nur unsere Pflanzen besser versorgen, sondern auch uns selbst, die Menschen um uns herum und unseren Planeten. Und nun lade ich dich zu einem Streifzug durch die Welt der Pflanzen ein. Lass uns gemeinsam entdecken, wie man sein ganz persönliches grünes Reich erschafft, zu Hause, im Geiste und im Herzen.

1

DER LOCKRUF DER STÄDTE

Du bist nicht in diese Welt gekommen.
Du kommst aus dieser Welt wie die Welle aus dem Ozean.
Du bist hier kein Fremder.

– *Alan Watts*

• • • • • • • • • • • •

»Pflanzen sind schön und einzigartig. Sie wachsen,
wie sie wollen, ohne den Druck, so wachsen zu müssen,
wie es jemand anders will. Über meine Pflanzen
kann ich das Leben klarer sehen. Ich verstehe,
wie einfach es sein kann.«

– *Sarah Solange*

Die Vorstellung, dass ich je in einer Stadt leben würde, kam mir absurd vor. So viel Beton und Glas übereinandergetürmt, der Lärm, der Himmel ohne Sterne ... Die Frösche, die ich als Kind sorgsam in Eimern nach Hause schleppte, wären bestimmt auch nie auf die Idee gekommen, dass ich mal kein Landei mehr sein würde.

Mit schnellem, leichtem Schritt lief ich über den Pfad im Wald. Irgendwo hatte ich gelesen (oder vielleicht von Freunden gehört), dass die amerikanischen First Nations, die früher in Pennsylvania gelebt und gejagt hatten, sich im Wald so leise bewegen konnten, dass Tiere oder Feinde sie kaum bemerkten. Ich staunte über diese Information. Und ich wollte unbedingt genauso leise sein.

Morgens nach einer taufrischen Nacht oder kurz nach einem Regenschauer war es leichter, geräuschlos zu laufen. Dann waren die Geräusche des Waldbodens gedämpft, und die Vögel sangen am lautesten. Ich huschte an den Hemlocktannen vorbei und atmete ihren Pinienduft ein, dem ein Hauch von Zitrone anhaftete. Nasses Farnkraut kitzelte mit seinen fiedrigen Wedeln meine Schienbeine. Am Boden glitzerten smaragdfarbene Moosteppiche und die wachsartigen, immergrünen Blätter der Bodendecker wie Rebhuhnbeere *(Mitchella repens)* und der Niederen Scheinbeere *(Gaultheria procumbens)*. Hin und wieder fiel mir etwas auf, das ich näher betrachten wollte: Eine Blume, die ich noch nie bemerkt hatte, ein taunasses Insekt an einer Blattunterseite oder ein leuchtend orangeroter gallertartiger Baumpilz, der aus dem Bruchstück eines abgebrochenen Asts quoll. Was ich mir später genau ansehen wollte, nahm ich mit. Und dann kletterte ich über die Mauer, die den Wald von unserem frisch gemähten Rasen trennte.

Häufig presste ich Pflanzen zwischen Büchern, arrangierte sie im Zimmer wie in einem Diorama zu Minihabitaten oder beanspruchte Teile des Kühlschranks für meine wissenschaftlichen Experimente. Ich war noch nicht einmal fünf, als ich mich mit dem nie genutzten Geburtstagsgeschenk meines Bruders davonstahl, einem wunderschönen Mikroskop mit faszinierenden, fertigen Objektträgern, in denen fein aufgeschnittene Zwiebelhäutchen, Mooszellen und Kieselalgen schlummerten, sowie einer ganzen Schachtel leerer Objektträger, die ich für eigene Zwecke verwenden konnte. Fast zehn Jahre lang nutzte ich sie nach Kräften, und bis heute sehne ich mich nach einem anständigen Mikroskop, weil das eine ausgezeichnete Methode ist, uns der Natur buchstäblich und im übertragenen Sinne näherzubringen.

Ich lernte, den Wald zu lieben – und alles, was in ihm war. Diese Liebe ging so weit, dass meine Eltern mitunter ihre liebe Not hatten, mich nach Hause zu bekommen. Selbst als Jugendliche verbrachte ich meine Sommertage regelmäßig lieber im Wald, als mich mit meinen Freunden zu verabreden. Doch nicht ein einziges Mal fühlte ich mich dabei einsam.

In dieser Zeit lernte ich nicht nur, die Wildnis zu lieben, sondern ich erlebte auch, wie schön es sein kann, wenn Menschen und Pflanzen miteinander kooperieren. Jenseits des Waldes pflegte meine Mutter ihre makellosen Blumengärten, auf die sie sehr stolz war. Goldgelbe Forsythien *(Forsythia × intermedia),* die im Frühling wie Sonnenstrahlen leuchteten, säumten unseren Garten. Doppelblütige Stockrosen *(Alcea* sp.) in Weiß, Pink oder Weinrot wuchsen aufrecht wie eine Königsgarde aus dem steinigen Boden. Es gab Tulpen *(Tulipa* sp.) in allen möglichen Farben und Taglilien in Hülle und Fülle *(Hemerocallis* sp.), in sattem Orangerot wie ein Sonnenuntergang in Afrika. Der Duft der Studentenblumen *(Tagetes* sp.) und Wilden Möhre *(Daucus carota)* wurde ziemlich aufdringlich, wenn man sich ans Jäten machte, und die Hyazinthen, Flieder und samtweichen Päonien *(Hyacinthus* sp., *Syringa* sp., *Paeonia* sp.) von der Größe eines kleinen Rotkohls erfüllten Luft und Rachen mit ihren Aromen wie berauschendes Parfüm.

Ähnlich eindrucksvoll waren der Gemüsegarten und der Obstgarten, die meine Eltern gemeinsam pflegten. Unsere 20 Ar Land – 2000 Quadratmeter – boten Genüsse für alle Sinne, einschließlich der Säure der Rhabarberstangen *(Rheum rhabarbarum)* und der glänzenden roten Johannisbeeren *(Ribes rubrum)*, die meine Mutter für Kuchen oder Crêpes nutzte. Unvergesslich bleibt mir mein Lieblingsgeschmack, jene Stachelbeeren *(Ribes hirtellum)* mit rotem Fleisch und geleeartigem Innenleben frisch vom Strauch – wie eine süßsaure Traube. Dieses kultivierte Land lehrte mich Lektionen wie Geduld, Respekt und Vertrauen in die innere Uhr jedes lebenden Wesens. Wenn man ihnen die nötigen Umweltbedingungen bereitstellt, folgen Pflanzen ihrem ureigenen Rhythmus. Im zeitigen Frühjahr holten wir nebenan auf dem Hof meiner Tante scharf riechenden, gut abgelagerten Kuhmist, der mehr als knöchelhoch großzügig im ganzen Garten ausgebracht wurde. Unsere Erdbeeren, Kürbisse, Gurken und Melonen, Spargel und Salat, Erbsen, Bohnen und Tomaten liebten das, und wir hatten den ganzen Sommer über stets viel mehr Obst und Gemüse, als eine vierköpfige Familie essen konnte. Außerdem machte es Spaß, auf die nächste Gemüse- oder Fruchtart zu warten oder sich zu fragen, ob die Himbeerernte wohl so gut ausfallen würde wie im Vorjahr. Die Hoffnung auf diese Fülle schien meine Neugier bezüglich der Pflanzen, die wir anbauten, nur zu verstärken.

Vielleicht ist diese süße Vorfreude der Grund, warum ich nach wie vor so oft wie möglich nach der Saison esse und gern samstags zum Wochenmarkt pilgere, um dort frisches Obst und Gemüse für die ganze Woche zu holen (und meinen Biomüll aus den Einkäufen der Vorwoche zum Kompostieren abliefere). Irgendwie verbindet mich dieses Ritual mit einem viel grundlegenderen, gelasseneren Rhythmus als dem der 24-Stunden-Tage, in dem wir alle feststecken.

Zu Hause in meiner Wohnung voller Pflanzen bereite ich meine Mahlzeiten nur allzu gern in einem Dickicht zu, das mir das Gefühl von »Indoor-Camping« vermittelt. Selbst in den Wintermonaten, wenn der kalte Nordosten draußen grau und trüb erscheint, zeigen sich meine Zimmerpflanzen größtenteils vital und lebendig. Die eine oder andere blüht sogar, was mir stets eine besondere Freude ist. Letzten Winter überraschte mich meine *Kleinia fulgens* mit einer ganzen Dolde karminroter Pompoms, ein unglaublicher Kontrast zu ihren eher unauffälligen, graugrünen Blättern und den frostigen Scheiben dahinter. Wer die Pilgerreise durch das Pflanzenreich antritt, wird bald feststellen, dass solche Bestätigungen durch Knospe und Blüte dazu beitragen, die Beziehung zu den eigenen Pflanzen zu genießen, besonders wenn man sie über Monate täglich liebevoll gepflegt hat.

Apropos liebevolle Pflege: Auch meine Eltern waren regelmäßig im Garten, um Unkraut zu jäten, Zucchini zu ernten oder Spargel und Knoblauch zurückzuschneiden (die beide dazu neigten, sich spontan auszubreiten, sobald sie einmal Fuß gefasst hatten). Das vermittelte mir zwar das Gefühl, dass es immer viel zu tun gab, aber es war nie mühsam. Vielmehr war der Gang in den Garten ebenso natürlich wie der allabendliche Verzehr der Früchte dieser Arbeit. Der gesamte Prozess war etwas Erfreuliches, Erde an den Händen ganz normal und all diese unprätentiösen Rituale etwas Schönes.

Ich interessierte mich durchaus für die Blumen und das Gemüse im Garten, aber die wilden Pflanzen auf dem Rasen und im Wald (und teilweise auch als unerwünschte Eindringlinge in unseren Beeten) fand ich dennoch spannender. Sie schienen die Außenseiter zu sein, wuchernd und ungestutzt, ungezüchtet und unzivilisiert. Bei aller Verschiedenheit wuchsen sie dicht an dicht ineinander, aufeinander und nebeneinander, was ihnen jedoch nichts auszumachen schien. Rückblickend stelle ich fest, dass mir meine Pflanzen selbst in der Wohnung so am besten gefallen – ungezügelt, wild, ein bisschen chaotisch und überraschend kooperativ. Sie haben mich viel darüber gelehrt, wie Exemplare, die anfangs rowdyhaft, störrisch und eigensinnig erscheinen, später ein Musterbeispiel an Vitalität, Kraft und Ausdauer darstellen, wenn man ihr Wesen gut versteht und ihnen liebevoll gewisse Schranken setzt.

Als ich über den dicken, vergilbten Seiten des Kräuterbuchs meiner Mutter, *The Rodale Herb Book,* brütete, einer Ausgabe von 1974, erfuhr ich auch, dass fast alle Pflanzen um uns herum heilende, beruhigende oder nährende Eigenschaften haben. Plötzlich waren Huflattich *(Tussilago farfara),* Portulak *(Portulaca oleracea)* und Gewöhnliches Seifenkraut *(Saponaria officinalis)* kein Unkraut mehr, sondern Pflanzen, mit denen man sich auseinandersetzen musste. Ich spielte Apotheke oder Kochen, mal kochte ich Huflattichblätter, mal knabberte ich Portulak, mal zerstampfte ich Seifenkrautblätter, um die schaumigen Saponine freizusetzen, nach denen diese Pflanze benannt ist. Schon ehe ausgeklügelte Apparaturen existierten, mit denen man pflanzliche Alkaloide und Düfte isolieren konnte, hatte jemand genau hingesehen. Jemand hatte gut beobachtet und mit den Pflanzen experimentiert, bis er oder sie diese einzigartigen Eigenschaften entdeckte. Weise Menschen erkennen die geheimen Heilkräfte und andere potenzielle Kräfte der Natur. Wir müssen nur danach Ausschau halten.

Es fiel mir nicht leicht, jene Wälder, Felder, Obstplantagen und Gärten hinter mir zu lassen. Nach New York City ging ich aus beruflichen Gründen. Hier wollte ich mich bewähren und mein volles Potenzial entfalten (zumindest aus beruflicher Sicht). Was mir hier gelungen ist, wäre zu Hause auf dem Land viel schwieriger umzusetzen gewesen. Fünfzehn Jahre lang war ich in der Welt der Mode unterwegs, produzierte Filme und mischte mit eigenen Geschäftsideen in der Start-up-Szene mit. Und im Zuge der Zusammenarbeit mit anderen Kreativen und Unternehmern in dieser schnelllebigen Stadt stellte ich fest, dass man häufig Opfer bringen muss, um sein volles Potenzial zu entfalten.

Ich erinnere mich, wie ich als Kind in den 1990ern einer Radiosendung lauschte. Darin hieß es, dass schon bald mehr Menschen auf der Erde in Städten wohnen würden als in ländlichen Gebieten oder Vorstädten. Diese Prophezeiung ist seit zehn Jahren Realität: Inzwischen leben in den Vereinigten Staaten knapp 81 Prozent der Gesamtbevölkerung im urbanen Raum[1] – auch ich. Und von der Gesamtbevölkerung sind 66 Prozent der »Millennials« (die zwischen 1980 und 2000 geborene Generation) in die Städte und Metropolregionen gezogen[2] – wie Nachtfalter, die fieberhaft um die Straßenlaternen kreisen. Zum ersten Mal seit den 1920er Jahren übertrifft das Wachstum in den Städten das Wachstum außerhalb. Heute betrachten sich 55 Prozent der Weltbevölkerung als Stadtbewohner, eine Zahl, die bis 2050 um weitere 13 Prozentpunkte anwachsen dürfte.[3] Die kleinen und großen Städte werden somit rapide wachsen, und das liegt zumindest teilweise daran, dass es meine eigene Generation dorthin zieht.

Es gibt bereits eine Vielzahl an Studien und Meinungen zu den Millennials. Unser Leben unterscheidet sich vom Leben früherer Generationen. Zum Beispiel heiraten wir später, weil wir länger die Freuden des Singlelebens auskosten wollen. Auch den Hauskauf schieben wir auf – nicht etwa, weil wir kein eigenes Haus besitzen wollten, sondern weil wir es uns schlichtweg nicht leisten können, am allerwenigsten im Dunstkreis der von uns geliebten Städte. Doch nichts davon erklärt den Exodus aus den idyllischen Orten unserer Geburt, wo es viel mehr Platz gab.

Meine Freunde nennen immer wieder dieselben Gründe für ihre Umzüge: mehr Menschen, mehr Ideen, mehr Innovation. In der Stadt kann man sich immer wieder neu erfinden. Sie stellt ein pulsierendes, ganz auf den Menschen zugeschnittenes Ökosystem dar. Vor Ort ergeben sich häufig allein dadurch Chancen, dass man Menschen trifft und sich zeigt. Und in den Städten können mehr solcher Begegnungen stattfinden, weil wir wie Sonnenteilchen häufiger aufeinandertreffen. Derartige Chancen erhofft man sich, denn spätestens, wenn man das Alter erreicht, wo man sich ein Leben aufbauen will, anstatt sich irgendwie durchzuwursteln, muss man ganz nüchtern dorthin gehen, wo man Arbeit findet. Dafür sind eben auch Zugeständnisse erforderlich.

Ich träume häufig davon, wie schön es wäre, wieder einen Garten hinter dem Haus zu haben – oder gar einen

Wald, in dem ich herumstromern könnte. Einmal erzählte ich in einem Fachgeschäft um die Ecke, dass ich im Umkreis ein Häuschen mit ein bisschen Land suchte. Die junge Frau hinter dem Tresen seufzte: »Davon träumt jeder hier im Laden.« Natürlich bewege ich mich bevorzugt unter Menschen, die vermutlich gern in der Natur waren, und mir ist bewusst, dass dies nicht allgemeingültig ist, aber tatsächlich kenne ich viele, denen es so geht. Bis zum College hätte ich nie gedacht, dass ich einmal in die Stadt ziehen würde, und als es doch so kam, rechnete ich nicht damit, so lange zu bleiben. Aber dann musste ich meine Sehnsucht nach mehr Platz, mehr Natur und dem stillen Glück, das damit einhergeht, zugunsten anderer Pläne aufschieben, die ich für entscheidender hielt als einen Gemüsegarten.

Ein Umzug ist nicht immer der einzige Kompromiss. Wir müssen nicht nur mit unserem Leben zufrieden sein, sondern auch mit unserem Beruf. Diese doppelte Suche treibt auch diejenigen an, die nicht in die Stadt ziehen. Viele aus meinem Jahrgang haben den Job gewechselt, weil ihre Arbeit ihnen langweilig oder sinnlos vorkam. Laut einer Gallup-Umfrage von 2016 engagieren sich 71 Prozent der Millennials beruflich wenig bis gar nicht.[4] Das macht uns zu der Generation, die am wenigsten an ihrem Job klebt: Wir sind weit häufiger auf Jobsuche und wechseln häufiger den Arbeitsplatz als frühere Generationen. Ein Bericht meldete, dass wir dreimal so häufig kündigen wie Arbeitnehmer früherer Zeiten. Andere Meldungen klingen weniger dramatisch, aber der Langzeittrend zeigt dennoch, dass wir häufiger wechseln als unsere Eltern und Großeltern im gleichen Alter. Hinzu kommt mehr

Druck durch unsicherere Beschäftigungsverhältnisse und längere Arbeitszeiten.

Diese Daten könnten vermuten lassen, dass wir Millennials mit einem Jobwechsel kein Problem hätten, aber meiner Erfahrung nach stimmt das so nicht. »Jobwechsel« ist in vielen Gesprächs- und Diskussionsgruppen unter Freunden ein immer wiederkehrendes Thema. Und fast alle meine Freunde, die sich einen neuen Arbeitsplatz (oder einen ganz neuen Beruf) gesucht haben, ringen dabei mit viel Unbehagen, Unsicherheit, Stress oder gar Schuldgefühlen.

Hinzukommt ein Leben, das zeitlich zumeist so ausgefüllt ist, dass wir uns kaum noch eine Pause gestatten (und wenn doch, ist es eher ein kurzes Luftholen als eine Begegnung mit uns selbst). Zeit mit anderen haben wir durch Zeit mit den sozialen Medien ersetzt, die über 90 Prozent der jungen Erwachsenen nutzen. Untersuchungen zufolge verbringen wir jeden Tag Stunden mit Scrollen, Kommentieren und Liken. Ja, soziale Medien können sehr nützlich sein *(mein Rat: beschränke dich auf Gruppen zu deinen Lieblingsthemen – wie Pflanzen – und verzichte auf das Durchscrollen der Feeds)*, aber Studien deuten auch darauf hin, dass sie Depressionen Vorschub leisten. Eine breit angelegte Studie an jungen Erwachsenen zwischen 19 und 32 Jahren ergab 2016, dass Teilnehmer, die sich auf mehreren Plattformen für soziale Medien bewegten, ein substanziell höheres Risiko sowohl für Anzeichen einer Depression als auch für Angstsymptome zeigten.[5] Nie zuvor in der Menschheitsgeschichte waren wir in der Lage, derart viel Zeug zu sehen und zu wissen. Wenn man dadurch mehr über das persönliche Lieblingsthema herausbekommt, kann das phantastisch sein. Emotional profitieren wir allerdings weniger davon. Zudem treibt die Angst, etwas zu verpassen (auf Neudeutsch »FOMO«, für »fear of missing out«), uns dazu an, unsere Welt um Menschen zu erweitern, von deren Leben wir allenfalls einen Bruchteil wahrnehmen. So kommen wir auf den Gedanken, ihnen unterlegen zu sein. Die unrealistischen, sorgsam ausgewählten Bilder der sozialen Feeds können etwas auslösen, das meine Freundin Nikita Chopra als »Vergleichs- und Verzweiflungssyndrom« bezeichnet.

Wenn wir physisch greifbare Freunde durch soziale Medien ersetzen und mehrere Plattformen parallel verfolgen (neben unserer eigentlichen Arbeit oder der Zeit für die Familie), ist es kein Wunder, dass wir mehr Angst haben denn je. Laut neueren Forschungsergebnissen steht meine Generation knapp ein Sechstel des Jahres unter Stress. Und etwa zwei Drittel von uns (deutlich mehr als frühere Generationen) sagen, dass der finanzielle Druck nicht nur ihre Konzentration und ihre Produktivität bei der Arbeit beeinträchtigt, sondern ihnen auch gesundheitlich zusetzt.[6]

Bei uns in Amerika beruht diese finanzielle Belastung vermutlich teilweise darauf, dass wir zwar eine gut ausgebildete Generation sind, durchschnittlich aber auch 37 000 Dollar an Ausbildungsdarlehen mit uns herumschleppen. Dabei ergab schon 2014 eine Gallup-Umfrage, dass Absolventen, die über 50 000 Dollar Schulden haben, in vier von fünf Lebensbereichen weniger gut abschneiden als Absolventen ohne Schulden, unter anderem bei Zielstrebigkeit und finanziellem Erfolg, Sozialleben und körperlichem Wohlergehen.[7]

Obendrein lebt ein Drittel der jungen Erwachsenen in Amerika (vor allem die 20- bis 30-Jährigen) bei den Eltern oder Großeltern, »um Geld zu sparen«, weil sie entweder schlecht bezahlte oder noch gar keine Arbeit haben. Dabei lässt sich schwer beurteilen, ob die Schulden für die emotionale Belastung verantwortlich sind oder ob diese Probleme lediglich parallel existieren. Die Erzählungen von jungen Berufstätigen oder denen, die kurz vor dem Abschluss stehen, lassen vermuten, dass der Schmerz – oder eher der Stress – real ist.

Es kommt darauf an, in all dem Chaos sein Gleichgewicht zu finden. Zum Glück entwickeln viele von uns gesunde, vernünftige Strategien zum Abbau von Stress und Angst, indem sie Sport treiben oder meditieren. Beides kann man ganz alleine tun, aber sowohl beim Sport als auch bei der Meditation werden Gruppenangebote immer beliebter, weil hier abseits der Kollegen neue Gemeinschaft entstehen kann.

Das alles sind positive Schritte. Doch während wir über unsere Geräte virtuell verbunden bleiben und über ausgedehnte Netzwerke im realen Leben neue Kontakte knüpfen, fehlt vielen inzwischen der Zugang zur Natur. Dabei wissen wir intuitiv durchaus, dass uns der Aufenthalt im Freien und die Gegenwart von Pflanzen neue Energie und Ausgeglichenheit schenken kann. Auch hier suchen die Menschen bereits nach Auswegen. Eine Umfrage von 2016 besagt, dass in jenem Jahr sechs Millionen Menschen anfingen, im Haus oder im Freien Pflanzen zu züchten.[8] Fünf Millionen davon gehörten meiner Generation der Millennials an. Und dass meine persönliche Vorliebe für Pflanzen in so vielen Gruppierungen derart viel Interesse geweckt hat, nährt die Hoffnung, dass wir Schritt für Schritt zu einem besseren Gleichgewicht finden, indem wir die Verbindung zur Natur wieder stärken. Bei diesem Ziel kann dieses Buch dich in jeder Lebenslage und unabhängig vom Alter unterstützen.

Ich kann dir versichern, dass du dazu keineswegs deinen Job aufgeben und in die Wälder ziehen musst (wobei ich niemandem davon abraten will, der den Ruf dazu verspürt!). Zum Glück gibt es viele deutlich praktischere Wege, sich mit der Natur zu verbinden und davon bereichert ganz im Moment zu leben. Schon wenn man sich jeden Tag ein wenig Zeit nimmt, um Pflanzen wahrzunehmen und sie zu beobachten, kommt man auf einfache, aber kraftvolle Weise zu mehr Bewusstsein und zur eigenen Mitte. Darauf werde ich noch näher eingehen. Über Intuition, Interesse und Erfahrung habe ich entdeckt, dass ein Leben mit Pflanzen es mir ermöglichte, in einer Stadt Fuß zu fassen, in der ich mich anfangs keineswegs heimisch fühlte. Erst über die Kultivierung meines eigenen grünen Paradieses konnte ich in New York Wurzeln schlagen. Deshalb möchte ich auch anderen vermitteln, wie viel Schönheit, Gelassenheit und Freude die Gesellschaft von Pflanzen spenden kann, sei es die bezaubernde kleine Sukkulente, die jeden Morgen auf der Fensterbank deiner Ein-Zimmer-Wohnung mit ihren prallen Ciabatta-Ärmchen winkt, seien es die zusammengewürfelten Küchenkräuter, die den Salat bereitwillig um ein paar Blättchen frisches Basilikum bereichern, Rosmarinzweige für die Bratkartoffeln beisteuern oder bei Magenschmerzen beruhigende Minze liefern, oder sei es deine ganz eigene, liebevoll ausgewählte Version des heimischen Dschungels, den ich so liebe.

Dabei kann das Kultivieren eines persönlichen grünen Bereichs weit mehr beinhalten als den Kauf einiger Pflanzen für die Fensterbank, den Balkon oder (bei Glückspilzen) den Garten. Eine echte Beziehung zu den Pflanzen, die ein Teil deines Lebens werden sollen, erfordert jedoch zunächst einmal einen Perspektivwechsel. In diesem Buch geht es darum, sich die Welt der Pflanzen zu erschließen, die man mitunter, ohne es zu merken, längst direkt vor der Nase hat. Eine neue Sichtweise kann unser Leben bereichern, sobald wir wahrnehmen, mit welch stiller Würde die Pflanzen einfach ihrer Bestimmung folgen, mutig Wurzeln schlagen und wachsen, Knospen treiben, blühen und verwelken, bisweilen unter ziemlich widrigen Umständen. Ebenso geräuschlos wie gründlich reinigen sie die Luft, die wir atmen, und gedeihen ringsumher. Ich möchte Fähigkeiten vermitteln, die mit ein bisschen Übung ein Leben lang erhalten bleiben und dir gestatten, aus der Gegenwart von Pflanzen großen Nutzen zu ziehen. Sobald du deine Bereitschaft, die Bedürfnisse von Pflanzen zu verstehen, mit den hier vermittelten Grundlagen verknüpfst, kannst du dein Leben nicht nur durch schöne Pflanzen bereichern, sondern hast auch bleibendes Wissen und eine neue Perspektive erworben – wohin auch immer dich dein Weg verschlägt.

 »Es war ein düsterer Zeitpunkt in meinem Leben. Nach sieben Jahren war meine Beziehung zerbrochen, ich hatte meinen Job gekündigt und war ganz allein. Da brachte mir meine beste Freundin eine erste Sukkulente für meine winzige, noch fast leere Wohnung.

Ich stellte sie im Schlafzimmer ans Fenster. Langsam erweiterte sich meine Pflanzensammlung, ich lernte dazu, fand heraus, wie viel Sonne und Wasser und welches Substrat sie brauchten, und bemühte mich, sie alle zum Blühen zu bringen. Diese erste kleine Pflanze habe ich bestimmt 100-mal geteilt und vielen Menschen Ableger geschenkt. Der Gedanke daran, dass die Pflanze, die mir half durchzuhalten, sich heute stückweise an andere Menschen weiterverschenkt, hat für mich eine therapeutische Qualität. Es ist ein Symbol dafür, wie Licht und Liebe sich in der Welt verbreiten können.«

– Sarah C.

 »Zimmerpflanzen zum Hobby zu erklären wird nicht dem gerecht, was Pflanzen uns zu bieten haben. Pflanzen beinhalten eine Mischung verschiedener Kräfte, die den Intellekt ansprechen und die Seele entfachen. Oberflächlich betrachtet mögen sie eine Augenweide sein, aber hinter ihrer Reglosigkeit liegt eine enorme Tiefe und Widersprüchlichkeit verborgen. Sie erwarten und erbetteln Verständnis. Wie jedes atmende Wesen möchten sie nicht nur existieren, sondern gut gedeihen. Diese Aufgabe ist daher keineswegs einfach. Pflanzen entwickeln sich parallel zu einer Evolution unserer Wahrnehmung. Wenn wir versuchen, einer Pflanze zum Leben zu verhelfen, kann es gut sein, dass sie auch in uns Leben weckt.«

– Chris Siriphand

WACHSTUMSÜBUNG: RÜCKBLICK

1. Hattest du in deiner Kindheit mit Pflanzen oder mit Gartenarbeit zu tun? Wenn ja, welche Erfahrungen waren am eindrucksvollsten? Falls diese Erfahrungen erst später stattfanden, denke darüber nach. Und falls sie noch ausstehen – wie könntest du mehr mit Pflanzen, Pflanzenpflege oder der Natur in Kontakt kommen?

2. Hat eine bestimmte Person aus deinem Umfeld (oder mehrere) dein Interesse an Pflanzen geweckt oder ermuntert? Auf welche Weise?

3. Wie hat sich deine Einstellung zu Pflanzen mit zunehmendem Alter verändert?

2

UNSER BEDÜRFNIS NACH NATUR

Es ist nicht unsere Aufgabe, wie Rousseau
zur Natur zurückzukehren, sondern den
natürlichen Menschen wiederzufinden.

– C. G. Jung

. . . .

*»Bei meinen Pflanzen vergesse ich die Arbeit, das College,
meine Verantwortung. Irgendwie kann ich ganz ich selbst sein.
Zudem fühlt es sich unglaublich an, etwas gesund und am
Leben zu erhalten. Ich komme mir wie ein positiver Mensch vor,
der helfen und versorgen kann. In meinem kleinen Wald
kann ich an mich glauben.«*

– *Tasneem Sad Almezi*

Frühmorgens setzte unser Flieger zur Landung in Singapur an. Draußen war es diesig, ob durch Rauch aus den brennenden Wäldern Indonesiens oder von einer trüben Wolkendecke. Ich schnappte mein Bordgepäck und rieb mir den Schlaf aus den Augen, um einen Blick nach draußen zu erhaschen, aber der Dunst war undurchdringlich.

Kaum hatte ich das Flugzeug verlassen, da registrierte ich ein wahres Feuerwerk an Pflanzen um mich herum. Ich atmete tief ein, während meine Sinne nach zwölf Stunden in der wiederaufbereiteten Luft der Klimaanlage einer engen Flugzeugkabine die großzügigen Wege, die himmelhohen Decken und das sorgsam angelegte, wogende Grün von Changi Airport in sich aufsogen.

Die Gänge des Changi Airport sind von kunstvollen Pflanzendarstellungen geschmückt, an deren Rändern überall lebende Pflanzen hervorzubrechen scheinen. In jeder Nische finden großblättrige *Dracaena* sp., *Philodendron* sp. *Mons-*

tera sp. und *Epipremnum* sp. ein Zuhause. Die Gepäckbänder umrunden eine Halbinsel voller *Phalaenopsis* sp., *Anthurium* sp. und *Neoregelia* sp. (eine farbenfrohe Bromelie). In den Aufenthaltsbereichen wachsen dicht an dicht gut gepflegte, hohe Palmen, die Fuchsie *Cordyline* sp. und verschiedene andere tropische Pflanzen.

Obwohl ich um sieben Uhr früh am Flughafen eintraf, hielt ich mich noch drei Stunden dort auf – teilweise, weil die Airline mein Gepäck verloren hatte, teilweise aber auch, weil ich es nicht eilig hatte, von hier wegzukommen. Es war ein Genuss, bei einem frühen Essen unter den Palmen der Lounge zu sitzen, während ich auf mein Gepäck wartete. Über wie viele Flughäfen lässt sich so etwas schon sagen?

Aber die Begrünung von Singapur geht weit über den Flughafen hinaus. Singapur hat sich zum Mekka der Indoor-Pflanzenfreunde entwickelt, einer Art Disneyland für Gartenliebhaber – Singapur sehen und sterben, sozusagen. Wer immer noch nicht glauben mag, dass Pflanzen das Leben positiv beeinflussen können, muss nur die Leute in Singapur fragen, denn das Leben im Grünen hat sich hier zu einem wichtigen Faktor der Alltagskultur entwickelt. Selbst mein ehemaliger Mitbewohner Ray, der sich am College noch gar nicht für Pflanzen interessiert hatte, bat mich vor der Reise, ihm »eine exotische Schlingpflanze aus den Staaten« mitzubringen. Er hatte einen Narren an Tillandsien *(Tillandsia* sp.) gefressen und konnte es gar nicht erwarten, mir seine Sammlung zu zeigen. Im Gegenzug gab er mir ein paar Tipps zu den besten Pflanzenanbietern vor Ort.

Für Menschen mag die Lage von Singapur nur 141,6 Kilometer nördlich des Äquators mit einer relativen Luftfeuchtigkeit von 70 bis 80 Prozent ein wenig unwirtlich erscheinen, doch für tropische Pflanzen ist es ein Paradies, und sie besiedeln die Gebäude in aller Selbstverständlichkeit. In den Straßen von Singapur ist die nächste erfreulich grüne Oase praktisch immer in Sichtweite.

Selbst als ich auf der Suche nach meinem Hotel aus einer der U-Bahn-Stationen trat, brauchte ich nur den Blick nach oben zu richten: 60 Stockwerke hoch sind die grünen Wände des Oasia Hotel Downtown, das 2018 vom Council of Tall Buildings and Urban Habitat (CTBUH) zum besten Hochhaus der Welt erklärt wurde. Von oben bis unten steckt seine rote Stahlhülle in einem berauschenden Kletterpflanzenensemble aus *Epipremnum* sp., *Thunbergia* sp., *Passiflora* sp., und *Bauhinia* sp.. Im Innenbereich bieten Freiluftterrassen öffentlich zugänglichen grünen Raum mit *Ficus lyrata* und *Clusia rosea*, die über 40 Prozent des Gebäudevolumens ausmachen. Das ist erstaunlich viel Offenheit für ein Bauwerk an einem Ort himmelhoher Grundstückspreise, entspricht jedoch dem dortigen beinahe zwanghaften Trend von öffentlicher Hand und Privatwirtschaft, die Lebensqualität für die Bürger und die Gäste gleichermaßen zu optimieren. Pflanzen sind ein wichtiges Element dieser Strategie.

Singapur war nicht immer so grün. Mein erster Besuch in dem Inselstaat war 2005, dem Jahr, in dem das Konzept für die Gardens by the Bay vorgestellt wurde, einen 100 Hektar großen Naturpark mit futuristischer Architektur und Hunderttausenden an Pflanzen. Zusammen mit den 300 sonstigen Parks und den vier Naturreservaten der Republik trug diese Initiative maßgeblich dazu bei, Singapur von einer »Gartenstadt« zur »Stadt im Garten« zu erheben, und sicherte dem Stadtstaat einen Spitzenplatz unter den grünsten Städten.[9] Die Gardens by the Bay verkörpern mit ihrem Flower Dome, dem Cloud Forest mit seinen gigantischen grünen Wänden, einem 35 Meter hohen Wasserfall und dem Skyway, wo sich Trauben staunender Touristen zusammenscharen, gewissermaßen die wahre Vision der Stadt. »Als ich die 3D-Modelle für die Gardens by the Bay sah«, so Chad Davis, stellvertretender Direktor für die Erhaltung der Gärten, »kam ich mir vor wie in einer Szene aus *Avatar*. Das verhalf Singapur zu einem Alleinstellungsmerkmal, und heute sind wir Vorreiter für die Welt. Ich glaube, die Gardens by the Bay symbolisieren, wie ernst es der Regierung mit der Stadtbegrünung ist und wie viel Aufwand sie dafür treibt. Sie haben die nötigen Mittel für die Eröffnung bereitgestellt, und wenn sie ein grüneres Singapur versprechen, sind das keine Lippenbekenntnisse.«

Zum Zeitpunkt seiner Unabhängigkeit hatte Singapur bei knapp der Fläche von New York City (halb so viel wie London) etwa 1,9 Millionen Einwohner. Heute, über 50 Jahre später, hat sich diese Zahl fast verdreifacht. Mit knapp 5,7 Millionen Einwohnern ist Singapur der Staat mit der zweithöchsten Bevölkerungsdichte der Welt. Seine Lage am Südzipfel der malaiischen Halbinsel zwingt zu rapider Urbanisierung, um mit der wachsenden Bevölkerung und der boomenden Wirtschaft Schritt zu halten. Um sich als Insel nicht von den Grenzen des Wassers einschränken zu lassen, macht Singapur die natürlichen Sümpfe und Mündungsgebiete nach und nach zu Bauland, ein unter Umweltgesichtspunkten kontrovers diskutierter Prozess, der hier als »Rückgewinnung« bezeichnet wird – angeblich fordert die Stadt ihr Land aus dem Würgegriff des Meeres zurück. Seit ihrer Unabhängigkeit hat sie ihre Landmasse auf diese Weise um beachtliche 22 Prozent vergrößert. Leider wurde dabei auch viel von der natürlichen Umgebung zerstört. Das Bevölkerungswachstum in Singapur ist relativ stabil, geht aber noch immer weiter und dürfte 2020 die Sechs-Millionen-Schwelle erreichen. Man sollte meinen, dass die Republik auf diesen Bevölkerungsanstieg mit mehr Gebäuden reagiert, anstatt mit mehr Grünflächen. Doch eine auf mehrere Jahrzehnte angelegte Regierungsinitiative fördert die bewusste Integration einheimischer wie auch exotischer Pflanzen in die Stadtlandschaft, ob auf Parkhäusern, Wohngebäuden oder sogar als schwimmende Inseln auf Wasserläufen und Wasserreservoirs.

Woher stammt dieses plötzliche Interesse am Stadtgrün? Und auf welche Weise nützt uns die Nähe zur Natur ganz konkret? Es hat sich gezeigt, dass Singapur – wie viele Großstädte – besonders anfällig für die Entstehung urbaner Hitzeinseln (UHI) ist, einem Phänomen, zu dem es kommt, wenn menschliche Eingriffe und Bauten die Vegetation ersetzen, die bis dato Verdunstungskühle gespendet hat. Zu bestimmten Tageszeiten können bebaute Bereiche mehr als 7 °C heißer sein als ländlichere Gegenden. Das wiederum treibt den Energieverbrauch (und damit die Umweltverschmutzung) durch Klimaanlagen in die Höhe und macht den Aufenthalt im Freien schier unerträglich und gesundheitsbelastend.[10]

Ich konnte mit Conrad Heinz Philipp sprechen, einem Forscher und Projektleiter des Konsortiums Cooling Singapore. In dieser Initiative arbeiten Universitäten, Wissenschaftler und Regierungsagenturen zusammen, um sich diesem Thema anzunehmen und eine optimale Langzeitstrategie gegen das Hitzeproblem des Landes zu entwickeln. Im Rahmen ihrer Arbeit haben sie über 80 Ansätze zusammengetragen, mit deren Hilfe Menschen besser mit dem Tropenklima zurechtkommen. Im Distrikt Punggol läuft zudem ein Feldforschungsprojekt mit Anwohnern und Passanten. »Was die Leute wirklich wollen, sind Grünpflanzen und Schatten, nicht etwa mehr künstliche Kühlung wie gekühlte Bushaltestellen«, erzählte mir der Wissenschaftler bei einem Skype-Anruf. Als man die Leute bat, verschiedene Methoden zur Anpassung an das Klima zu bewerten, landeten »begrünte Straßen« und »grüne Fassaden« auf den Plätzen 1 und 2. Die interviewten Personen bevorzugten also Bepflanzungsmaßnahmen.

Obwohl eine harte Kosten-Nutzen-Analyse für das Pflanzen und die Pflege grüner Straßenränder und Fassaden noch aussteht, schiebt die Verwaltung von Singapur die Begrünung nicht auf die lange Bank, sondern scheint die Regel zu beherzigen: »Der beste Zeitpunkt, einen Baum zu pflanzen, war vor 20 Jahren. Der zweitbeste ist jetzt.« Dieser proaktive Ansatz macht sich schon jetzt bezahlt, denn die Begrünungsinitiative trägt erste Früchte. Singapur konnte beweisen, dass Grünflächen nicht nur die Hitze in der Stadt um bis zu 4,5 °C senken können, was beträchtlich ist, sondern auch, dass begrünte Fassaden den Menschen innerhalb und außerhalb des Gebäudes helfen, sich wohlzufühlen.[11] Außerdem sind sie schön anzusehen, verstärken die Bindung an die Stadt und machen die Bürger glücklich.

Singapur steht beispielhaft für die vielen übergreifenden Vorteile, die entstehen, wenn eine Stadt beschließt, dass sie mehr Grün braucht. Während wir jedoch noch darauf warten, dass sich diese Botschaft in mehr Städten verbreitet, entdecken immer mehr Leute, dass jeder Einzelne seine ganz eigene, beruhigende Umgebung erschaffen kann durch direkten Kontakt zu Pflanzen.

Eine der Gärtnereien, die ich in Singapur aufsuchte, war Terrascapes. Gleich bei der Ankunft begrüßten mich lautstarke Vogelrufe von einer kunterbunten Schar Kakadus, Sittichen und Kleinpapageien, die es sich in den Gewächshäusern gut gehen ließen. Dort lernte ich Bridgette kennen, die erst seit zwei Jahren für Sandy, den Eigentümer von Terrascapes, arbeitete. Ursprünglich hatte sie dort nach Sukkulenten gesucht, die sie nicht umbringen konnte, doch nach einem längeren Gespräch mit Sandy gewann sie den Eindruck, sie könnten sich gegenseitig helfen. Pflanzen waren zwar nicht ihr Fachgebiet, doch sie war auf einem Wachtelhof aufgewachsen, wo ihre Eltern alle Lebensmittel für den Eigenbedarf selbst erzeugt hatten. »Wir haben kaum einmal Gemüse vom Markt geholt, als ich klein war. Wir aßen immer das, was wir gerade ernten konnten«, erzählte sie mir. »Das war für mich so selbstverständlich, dass ich nie darauf geachtet habe.«

Sie hatte gerade ihren gut bezahlten Job als leitende Optikerin sowie ihre Nebentätigkeiten – ein Café und eine

Wohltätigkeitsinitiative – an den Nagel gehängt. Denn vor etwa acht Jahren hatten sich erste Symptome einer Autoimmunkrankheit gezeigt, die vermutlich auf der Kombination aus Dauerstress und Krankheit ohne angemessene Behandlung beruhte. »Ich war unablässig am Rennen«, gab sie zu. »Ich konnte nicht schlafen, und dann entwickelte ich schließlich chronische Schmerzen und Depressionen.« Erst dachte sie, es wäre wohl mit einer kleinen Auszeit getan, aber selbst nach drei Monaten wollte es ihr nicht besser gehen. »Die Schmerzen gingen nicht weg. Und meine Blutwerte zeigten, dass im ganzen Körper Entzündungen schwelten.«

Schrittweise zog sich Bridgette aus ihrem stressreichen Berufsleben zurück. Sie verbrachte wieder mehr Zeit mit ihren Eltern und registrierte dabei den grünen Daumen ihrer Mutter. Daraufhin wollte sie es selbst mit Sukkulenten versuchen, und das hatte sie zu Terrascapes geführt. Sandys Gewächshaus sprach sie an, weil Sandy im Gegensatz zu den meisten Gärtnereien des Landes seine Pflanzen nicht einfach importierte, sondern möglichst viele davon aus Saatgut oder Ablegern selber kultivierte. Was als Einkaufstour beim Gärtner begonnen hatte, um eine oder zwei Pflanzen für zu Hause zu erstehen, mündete in der Chance, ihre Beschwerden zu lindern und gleichzeitig Sandy zu assistieren. Als sie ihn fragte, ob sie ihm vielleicht im Treibhaus zur Hand gehen könnte, war er sofort einverstanden. »Pflanzen zu vermehren und ihnen beim Wachsen zuzusehen ist so befriedigend«, erzählte Bridgette. »Das weckt in mir den Wunsch, es immer wieder zu tun. Außerdem mache ich mir gern die Hände schmutzig. Dann habe ich das Gefühl, dass es mir richtig gut geht. Meditieren ist absolut nichts für mich, aber wenn ich Erde an den Händen habe und Unkraut jäte, fühlt sich das irgendwie meditativ an. Das kann ich stundenlang machen.« In gewisser Weise gestatten die Pflanzen Bridgette wieder produktiv zu sein.

Wie Bridgette nutzt auch James Ipy von der Insel Mauritius Pflanzen zu therapeutischen Zwecken. Als junger Teenager bekam er aus der Nachbarschaft einen Gewöhnlichen Frauenhaarfarn *(Adiantum capillus-veneris),* auch Venushaar genannt, mit zarten, pfotenförmigen Blättchen und feinen, schwarzen Stängeln. Dieses kleine Geschenk weckte erstmals seine Liebe zu den Pflanzen. Später zog er nach Singapur und kann sich dort nun eines der schönsten, kleinen Balkongärten rühmen. »Ich habe diese Wohnung nur wegen ihres Balkons ausgesucht. Damit ich Pflanzen ziehen kann«, gestand er, als ich ihn besucht, um seine herrlichen Farne und *Huperziae* zu bestaunen. Letztere hingen wie weiche, grüne Troddeln von einem Draht herab, der wie eine Wäscheleine über die Balkondecke gespannt war, um noch mehr Raum für die Bepflanzung zu ermöglichen.

»Ich arbeite im IT-Bereich«, sagte James, »und ich wüsste nicht, was ich ohne Pflanzen machen würde. Für mich sind sie eine Art Therapie. Wenn ich nach einem miesen Tag in der Arbeit heimkomme, brauche ich abends nur die Tür aufzuschließen, schon sehe ich meinen Garten, und aller Ärger ist vergessen. Das Wissen, dass meine Pflanzen sich auf mich verlassen und dank meiner Pflege gedeihen, ist tröstlich und heilsam. Sie zu versorgen ist buchstäblich Balsam für meine Seele.«

Sich als Städter den Pflanzen zuzuwenden, um zur Ruhe zu kommen und seine Gedanken zu ordnen, scheint mir eine gesunde Reaktion zu sein. Manche rasch wachsenden urbanen Gegenden, die kaum noch Zugang zur Natur bieten – darunter andere Städte Asiens –, melden allerdings schon erste Fälle von Kindern mit »Biophobie«, einem Phänomen, bei dem Menschen, die nie mit der Natur Kontakt hatten, sich im Freien unwohl fühlen und zögerlich oder gar ängstlich reagieren. In manchen Fällen widerstrebt es biophoben Menschen sogar, mit den Händen Erde zu berühren. Singapurs Gegenmaßnahmen sind bewundernswert. Aktuell ist etwa ein Drittel der insgesamt 721,3 Quadratkilometer von Singapur Grünfläche.[12] Rund drei Millionen Bäume wachsen entlang der Straßen, in den Parks und Wohngebieten und auf den Dächern und Balkonen. Hinzu kommt ein Netzwerk aus 300 Kilometern begrünter Wege und Korridore, das die Parks miteinander verbindet. Etwa 80 Prozent der Bewohner haben so innerhalb von zehn Minuten Zugang zu einer Grünfläche.

Zu Hause in New York ist es definitiv weniger grün. Das liegt natürlich auch am Breitengrad, denn im Winter hält sich an den Fassaden allenfalls noch der Efeu. Doch trotz dieser klimatischen Benachteiligung nehmen die Parks, die begrünten Dachflächen und die versteckten Gärten in den letzten zehn Jahren zumindest in meiner Nachbarschaft langsam, aber stetig zu. Mein eigener Gemeinschaftsgarten ist ein wunderbarer Zufluchtsort vor der Stadt und ein guter Platz zum Entspannen.

Wie in Singapur gibt es auch in New York gute Gründe, warum es jetzt mehr Grünflächen gibt als bei meiner Ankunft vor fast 15 Jahren, und zwar nicht allein, weil Gärten hübsch sind oder den Immobilienwert erhöhen. Studien zufolge wirken sich diese grünen Inseln in den Städten, ob gepflegte Parks, Stadtwald oder ein Durchgang, der zum Gemeinschaftsgarten wird, positiv auf die psychische Gesundheit der Anwohner aus. Eine Untersuchung kam zu dem Ergebnis, dass depressive Gefühle sich bei den Bewohnern um 40 Prozent verringern und das Gefühl der Wertlosigkeit sogar um 50 Prozent.[13] Zudem lassen sich auf Grünflächen mit etwas Glück Tiere beobachten.

Auch wer nicht jeden Tag durch einen Park spazieren kann, sollte sich etwas Naturerleben verschaffen.[14] Immer wieder wurde nachgewiesen, dass der Blick auf die freie Natur oder auf Zimmerpflanzen bei Studienteilnehmern Gefühle wie Nervosität, Angst oder Anspannung zurückgehen lassen. Patienten, die auf Bäume blicken konnten anstatt auf ein Gebäude, brauchten weniger Schmerzmittel und erholten sich schneller von Operationen.[15] Laut einer kleineren Studie lässt das Umtopfen einer Zimmerpflanze psychischen und körperlichen Stress deutlicher zurückgehen, als wenn man etwas am Computer erledigt. Diese beruhigende Wirkung geht auf die Unterdrückung der Aktivität des sympathischen Nervensystems und des Blutdrucks zurück.[16] (Das sympathische Nervensystem reguliert die Reaktion des Körpers auf etwas, das als bedrohlich eingestuft wird, die sogenannte »Kampf-oder-Flucht«-Reaktion.)

Die Erkenntnis, dass Pflanzen in der Umgebung heilsam sein können, hat zu Berufsbildern wie dem Gartentherapeuten geführt, der für Therapie und Rehabilitation gezielt auf

Pflanzen zurückgreift und dafür Gartenarbeit oder die Interaktion mit der Natur nutzt.

Einer der Vorreiter dieser Profession ist der Gartentherapeut und klinische Lehrbeauftrage Matthew J. Wichrowski, der zugleich als Chefredakteur des *Journal of Therapeutic Horticulture* fungiert und sich seit 1991 mit der Gartentherapie befasst. Nach dem College bekam er Gelegenheit, ein altes Treibhaus zu renovieren, und entwickelte dann einen Therapieansatz, dort mit autistischen Erwachsenen zu arbeiten. »Als ich sah, dass viele Bewohner in dem Gewächshaus viel ruhiger wurden, stellte ich Nachforschungen an und fand heraus, dass es eine Gemeinschaft gab, die mit der Natur arbeitete«, berichtete er. So landete er schließlich im Enid A. Haupt Glass Garden des Langone's Rusk Institut für Rehabilitationsmedizin an der New York University, wo er inzwischen seit 25 Jahren tätig ist.

Der Glass Garden ist ein Gewächshaus von 158 Quadratmetern Fläche, das ursprünglich als Rückzugsort aus dem Behandlungszentrum gedacht war. In den 1970er Jahren wurde es genutzt, um die Gartentherapie für medizinische Zwecke weiterzuentwickeln. Leider wurden Garten und Klinik 2012 von Hurrikan Sandy schwer in Mitleidenschaft gezogen, weshalb Matthew seither improvisiert und mit einem Wagen voller Blumen und Pflanzen bei den Patienten vorbeischaut. »Viele meiner Patienten nehmen die [von ihnen ausgewählte] Pflanze mit nach Hause, sobald sie entlassen werden«, erzählt er. »Es ist wichtig, dass sie sich in der Lage fühlen, selbst für die Pflanze zu sorgen ... Bei manchen steigt dadurch das Selbstbewusstsein.«

Je mehr sich dieses relativ junge Fachgebiet etabliert, desto mehr Studien werden durchgeführt. Eine dieser Studien dokumentiert die Wirkung gartentherapeutischer Angebote auf Patienten in der Rehabilitation bei Herz-Lungen-Erkrankungen. Dabei stellte sich heraus, dass Patienten, die an Gartentherapien teilnahmen, im Vergleich zur Kontrollgruppe positiver gestimmt und weniger gestresst waren.[17] Eine andere Gartentherapeutin berichtete mir von ihren persönlichen Erfahrungen mit Patienten:

 »Ich arbeite in erster Linie mit älteren Menschen mit Gedächtnisproblemen, die in betreuten Wohngemeinschaften leben, aber auch mit anderen Gruppen wie Geflüchteten oder bettlägerigen Patienten. Mit Hilfe der Pflanzen und Gartenarbeiten verbessere ich ihre Lebensqualität und ihr Wohlbefinden insgesamt. Es ist bemerkenswert, tagtäglich mitanzusehen, wie die Natur und die Pflanzen dem Einzelnen in vielerlei Form zu Erleichterung und Heilung verhelfen. Einmal hatte ich es mit einem dementen Patienten zu tun, der auch Mobilitätsprobleme hatte und während der Gruppenstunden kaum sprach. In diesem Stadium hatte ich ihn nur einmal singen hören, aber nie sprechen. Doch eines Tages, als ich mit der Gruppe draußen am Hochbeet zu Gange war, stand er (mit Unterstützung) aus seinem Rollstuhl auf, nahm eine kleine Harke und begann, die Erde zu bearbeiten. Beim Pflanzen fing er dann an zu singen, und schließlich sprach er auch. Er erzählte von seiner Kindheit auf dem väterlichen Hof und was sie dort angebaut hatten.

Eine andere Patientin, die eine Flucht hinter sich hatte, konnte während eines Vortrags zu Bäumen und ihren Jahresringen ihre Schwierigkeiten durch die Vertreibung aus ihrem Herkunftsland und das durchlebte Trauma ein Stück weit mit der Geschichte des Baumes verknüpfen, dessen Ringe wir betrachteten: Es gab Jahre, in denen der Baum gut gediehen und ordentlich gewachsen war (dazu nannte sie gute Zeiten in ihrer Kindheit), wohingegen er es in anderen Jahren schwer gehabt hatte, weil eine Dürre herrschte, es gebrannt hatte oder Schädlinge ihn angriffen. Dann war er wenig gewachsen – genau wie es ihr während bestimmter Erfahrungen im Krieg ergangen war.«
– Susan Morgan

Matthew äußerte mir gegenüber, dass die Gartentherapie zunehmend zum Stressabbau, aber auch bei bestimmten Krankheitsbildern wie Autismus oder Demenz eingesetzt werde. Kurz zuvor hatte er auf Konferenzen oben im Norden gesprochen und meinte, dass dort das Burn-out-Syndrom um sich greife. »Man nutzte die Gartentherapie, um die Leute wieder ins Arbeitsleben zu integrieren und erneut zu produktiven Mitgliedern der Gesellschaft zu machen. Insgesamt eignet sie sich hervorragend zur Förderung einer gesunden Lebensweise und zur Prävention.« Dass Menschen über die Pflanzen Stress abbauen, höre ich häufig:

»Ich bin ein eher ängstlicher Typ, und wenn ich mit meinen Gedanken allein bin, fühle ich mich schnell überwältigt und bedrückt. Ich habe schon mal an eine Therapie gedacht, habe mich aber auch davor gefürchtet. Als ich Interesse an Pflanzen entwickelte, stellte ich fest, dass ich weniger Angst hatte, weil ich mich ganz auf die Versorgung der Pflanzen konzentrierte. Zum Beispiel steigerte ich mich oft in den Gedanken hinein, dass meine Arbeit oder das, was ich geleistet hatte, nicht ausreichte und nie ausreichen würde. Das brachte mich zum Weinen und ließ mich ständig grübeln. Es belastete auch meine Partnerschaft und meine Familie. Ich weiß nicht, wieso, aber je mehr Pflanzen ich um mich hatte, desto besser ging es mir. Es war, als wäre eine schwere Last von mir genommen. Ich glaube, das Gefühl, etwas zustande zu bringen, stellte sich ein, als ich merkte, wie gut meine Pflanzen unter meiner Pflege gediehen.«
– Nina

»Ich bin Softwareentwickler. Oft muss ich Überstunden machen und komme erst spät nach Hause. Vor drei Jahren schaffte ich mir Pflanzen an, um mit dem Stress sowie mit dem Tod meines Hundes fertigzuwerden. Daraus wurde ein echtes Hobby. Inzwischen folge ich in den sozialen Medien Gruppen, in denen es um Pflanzenpflege geht, und habe über diese Schiene auch Freunde gefunden. Die Pflanzenzucht hat mir geholfen, meine Sorgen zu vergessen, und lässt mich

auch etwas zur Rettung von Mutter Natur beitragen.«
– Maricar

»Ich arbeite im Computereinzelhandel. Das ist eine schnelllebige Umgebung mit sensorischem Dauerfeuer, die mich geistig, seelisch und körperlich stark fordert. Mich um meine Pflanzen zu kümmern ist unglaublich beruhigend und entspannend. Ich gieße sie, staube ihre Blätter ab, suche Schädlinge. Es ist sehr wohltuend, prompt durch neue Triebe oder herrliche Blüten belohnt zu werden, und es ist interessant, ihre Entwicklung zu beobachten. Wenn ich die Pflanzen versorge, fühle ich mich erfolgreich und zufrieden. Manchmal hilft schon ein kurzer Blick in meine grüne Ecke, und schon entspannen sich die Augen und der Geist.
– @Plant_Jemima

Die Vorstellung, dass bereits der Anblick von Pflanzen Menschen beruhigt und besser gesunden lässt, existiert schon seit Jahrtausenden, und dennoch kommt sie uns heute neuartig und etwas hippiemäßig vor. Dabei haben wir diesen Faktor womöglich bisher lediglich übersehen oder als nicht der Rede wert eingestuft. In Ägypten reservierten die Könige einst ausgedehnte Ländereien für heilige Baumtempel zur Erbauung der Menschen.[18] Dort konnte man all die medizinischen und sonstigen Vorzüge lernen, welche die Pflanzen zu bieten haben. Im Mittelalter legten die europäischen Klöster gut durchdachte Gärten an, in denen die Kranken zu Ruhe kommen konnten. Und im 19. Jahrhundert waren Gärten und Pflanzen aus demselben Grund vielfach ein fester Bestandteil der Krankenhäuser Europas und Amerikas.[19]

Heute verordnen in ganz Asien Ärzte den angstgeplagten Stadtbewohnern »Waldbäder«, die in Japan als *Shinrin-yoku* bezeichnet werden. Dieser Begriff wurde 1982 vom japanischen Ministerium für Land- und Forstwirtschaft und Fischereiwesen geprägt und bedeutet, dass man mit der Atmosphäre des Waldes Kontakt aufnimmt und sie in sich aufnimmt. Ärzte empfehlen bei dieser Verordnung in der Regel, einige Tage Waldspaziergänge zu machen. Ich weiß nicht, wie es dir geht, doch mein Arzt hat mir noch nie geraten, »mehr rauszugehen«, nicht einmal, als mein Vitamin-D-Spiegel zu niedrig war. Ein Waldbad wirkt sich zweifellos positiv auf die Gesundheit aus. Wenn Teilnehmer vor und nach einem *Shinrin-yoku* untersucht wurden, waren das Stresshormon Kortisol, der Puls und der Blutdruck zurückgegangen.[20] Der Parasympathikus, also die Komponente des vegetativen Nervensystems, die den Körper zur Ruhe kommen und verdauen lässt, wurde aktiver, und der Sympathikus, der beim Menschen die Kampf-oder-Flucht-Reaktion aktiviert, wurde gedrosselt. Das Immunsystem wurde angeregt, und die Menschen vermeldeten mehr positive Gefühle als in der städtischen Umgebung.

Doch was tun, wenn kein Wald vor der Tür liegt? In der Stadt können wir diese Verbindung beispielsweise fördern, indem wir uns Pflanzen ins Haus holen. Meine Zimmerpflanzen regen meine natürliche Neugier auf andere Lebensformen an, erzeugen mitten in der Stadt ein beruhigendes Umfeld, bieten regelmäßig Anlass für angenehme Rituale und geben mir das Gefühl, »ganz« zu sein. Auf ihre Weise verbinden sie mich permanent mit dem, was ich am meisten liebe und wo ich mich zu Hause fühle, und erinnern mich immer wieder daran, nach draußen zu gehen und die Erde zu achten.

WIE EIN GRÜNER DAUMEN
EIN VIERTEL VERÄNDERN KANN

In dem Buch *Darkness and Daylight: Or, Lights and Shadows of New York Life*, erstmals veröffentlicht 1891, beschreiben Helen Stuart Campbell, Thomas F. Byrnes und Thomas W. Knox wortgewandt, welche enormen Auswirkungen die visionäre Tat hatte, in Corlear's Hook am East River von New York, nur einen Katzensprung von meinem aktuellen Wohnort entfernt, einen bescheidenen Garten anzulegen. In dieser Gegend, die als »unbekanntes Gelände für alle außer der Polizei, den Diebesbanden, Mördern und Vagabunden, die dieses schäbige Rattenloch bevölkerten« geschildert wird, gab es viele Kinder aus Mietskasernen. Den Autoren zufolge begann der teilweise Umbau der Gegend mit Pflanzen. Auf einem Gang durch die Slums entdeckte der Gründer der Children's Aid Society ein freistehendes Gebäude, das rundum von der Sonne beschienen wurde. Er stellte einen Aufseher ein, der zufällig auch ein begnadeter Gärtner war. In lebhaften Worten wird erzählt, was danach geschah:

Der Hinterhof (kaum größer als eine geräumige Abstellkammer) machte als Erstes Bekanntschaft mit seinem grünen Daumen.[21] Dort pflanzte er Büsche, Blumen und Ranken um einen schattigen Freisitz, sodass man sich für einen Moment fast wie auf dem Land fühlte. Die wohlbekannten Gerüche waren dort bisher die der Kanalisation und des Putzwassers. Dagegen kämpfte der Mann mit Hyazinthen, Vanilleblumen und Veilchen an. Oben im Schulzimmer und im gesamten Wohnhaus, das zur Mission des Gebäudes gehörte, gab es ebenfalls Pflanzen und Blumen, die unterbewusst zur Zähmung der kleinen Wildfänge beitrugen, die hereinspazierten und mit einem Eifer um eine einzige Blüte bettelten, dass man sie ihnen nicht abschlagen konnte.

Die Fenster wucherten zu. Überall waren Knospen und Blüten, grüne Blätter und Ranken zu sehen. Der kleine Hof war voll, und so baute der Leiter ein Treibhaus, das wunderbar gedieh, obwohl er nie etwas über Blumenzucht gelernt hatte. Und schon bald bot sich den jungen Streunern aus der Rivington Street – und der ganzen Gegend –, die sich in Scharen für alles, was dort wuchs, begeistern konnten, eine ganz neue Belohnung.

Der grüne Daumen eines einzigen Menschen veränderte diese Gemeinde. Die Leute kamen aus meilenweiter Entfernung angereist, um die Blumen zu bestaunen. Man ermunterte die Kinder, Pflanzen mitzunehmen und zu Hause auf der Fensterbank zu hegen, in allem, was sie gerade hatten, ob Blechdose oder Holzkiste, bis Tausende Pflanzen in den Fenstern stehen hatten. Aus der um sich greifenden Begeisterung für Pflanzen entstand die erste »Blumenmission« von New York, die Menschen dazu animierte, armen Leuten oder kranken Kindern in der Klinik der Kinderkrankenmission Blumen zu schenken. Die Initiative wurde so populär, dass ein Zuchtfeld und ein Treibhaus angelegt werden mussten, wo schließlich mehr als 50 000 Pflanzen über Samen und Stecklinge vermehrt wurden. Die ganze Gemeinde stand zusammen, um über 100 000 Sträuße und Blumen an die Kranken und Armen zu verteilen. Bis heute ist es üblich, ins Krankenhaus Blumen mitzubringen, und dieser Brauch wurzelt in der Pflanzenliebe eines einzigen Mannes, der ganz unerwartet nicht nur den Menschen weit und breit Freude schenkte, sondern auch ein ganzes Viertel zusammenschweißte, indem er einfach nur Pflanzen züchtete und mit anderen teilte.

Niemand muss in einer betont grünen Gemeinde leben, um vom Einfluss der Pflanzen auf das Wohlbefinden zu profitieren. Laut Matthew J. Wichrowski gibt es neben der Gartentherapie, die (meist durch Profis) individuelle Therapieziele festlegt und Behandlungspläne erstellt, auch das »therapeutische Gärtnern«, das zwar ebenfalls Ziele setzt, aber keine messbaren Ergebnisse benötigt. Die Geschichten, die mir zugetragen wurden, zeigen vielfach, wie man sich dem therapeutischen Gärtnern eigenständig annähern kann.

 »Meine Großmutter hat ihren Garten praktisch bis zu ihrem Tod gepflegt. Sie liebte es, mit bloßen Händen die Erde zu berühren. Diesen unmittelbaren Kontakt empfinde auch ich als therapeutisch. Es tut mir sehr gut, meine Zimmerpflanzen und meine Balkonpflanzen zu versorgen. Ich kämpfe seit langem mit chronischen Depressionen, chronischen Schmerzen und Angstzuständen. Als es richtig schlimm wurde, war die Pflege meiner Pflanzen die einzige Verantwortung, die ich noch schultern konnte. Schon ein Haustier wäre mir zu viel gewesen. Ehrlich gesagt sind meine Pflanzen für mich so etwas wie Haustiere. Es macht mich glücklich, wenn es ihnen gut geht. Ihre Zähigkeit schenkt mir die Hoffnung, dass ich schlimme Dinge überwinden kann. Außerdem haben sie mich gelehrt, dass ich nicht alles kontrollieren kann.«
– Tove T.

»Letztes Jahr erfuhr ich, dass mein Herz so krank ist, dass ich leicht einen Herzinfarkt erleiden könnte. Mir wurde ein Defibrillator implantiert. Während ich mich von der Operation erholte, war ich viel drinnen und musste viel lernen. In dieser Zeit wurde ich ziemlich depressiv. Aber es gab in meinem Zimmer eine hübsche Ampelpflanze. Irgendwann wollte ich mehr davon und begann, Pflanzen zu sammeln. Heute gleicht mein Zimmer einem Urwald. Wenn ich lernen muss oder Narbenschmerzen habe, komme ich in meinem Zimmerchen zur Ruhe und werde nicht mehr trübsinnig.«

– Simon

»Aufgrund einer psychischen Störung, die zu meiner selektiven Geräuschintoleranz (Misophonie) hinzukam und mich die Gegenwart anderer Menschen (einschließlich ihrer Körpergeräusche) nur schwer aushalten lässt, lebe ich eher isoliert. Pflanzen lenken mich gerade so weit von der Welt der Menschen ab, dass ich diese leichter ertragen kann. Die Gemeinschaft der Pflanzenfans im Internet motiviert mich zu sozialerem Verhalten. Sobald andere auf Pflanzen zu sprechen kommen, lebe ich ein wenig auf. Der Wunsch, botanische Gärten zu besuchen, half mir, mehr rauszugehen. Ich bin zum ersten Mal freiwillig mit öffentlichen Verkehrsmitteln gefahren und traue mir jetzt zu, auch mal allein unterwegs zu sein.«

– Franziska

»Wegen meiner depressiven Störung komme ich morgens oft schwer aus dem Bett. Ich mag nicht einmal die Vorhänge aufziehen, um die Sonne hereinzulassen. Genau dazu motivieren mich jedoch die Pflanzen. Weil ich weiß, dass sie das Sonnenlicht brauchen, reiße ich mich zusammen, stehe auf, lasse die Sonne herein und genieße ihre Energie. Zuzusehen, wie meine Pflanzen gedeihen, beglückt mich ungemein. Sie erinnern mich daran, welche Schönheit das Leben birgt, und dass ich selbst dann dazu beitragen kann, wenn es mir dreckig geht. Das lässt sich nicht mit Geld aufwiegen.«
– Hannah S.

»Nach jahrelangen Fehldiagnosen und Therapien erfuhr ich endlich, dass ich eine ausgeprägte Aufmerksamkeitsstörung habe, ADHS… Ich stelle fest, dass die morgendliche und abendliche Pflanzenpflege, das Gießen und Zurückschneiden, mir hilft, mich besser zu konzentrieren oder den Tag zu planen… Pflanzen sind meine Zuflucht vor dem Dauerlärm, den mein etwas anderes Gehirn erzeugt. Mit ihrer Energie umhüllen sie mich wie eine Decke.«
– Pamela Garnett

Wie diese und andere Geschichten im Buch zeigen, haben Pflanzen wirklich eine heilsame Wirkung und sind für eine gesunde Umgebung und ein gesundes Leben unverzichtbar. Doch warum haben so viele von uns bei ihrem Umzug vom

Land in die Städte (wo wir uns optimal entfalten möchten) vergessen, die Pflanzen mitzunehmen?

WACHSTUMSÜBUNG: BESTANDSAUFNAHME

1. Wie viel Zeit hast du in deiner Kindheit im Freien verbracht? Wie lange bist du heutzutage draußen? Wenn es eine Diskrepanz gibt, woher rührt die?

2. Wie kannst du mehr Natur oder mehr Elemente von draußen in dein Leben holen? Schreibe eine Liste.

3. Probiere in den nächsten Wochen ein paar Punkte von deiner Liste aus. Wie geht es dir, wenn du mehr Natur oder Elemente von draußen in dein Leben integrierst? Schreibe deine Eindrücke auf.

3

DER MENSCH LIEBT NUR, WAS ER WAHRNIMMT

Lasst uns die Zehen um die Wurzeln krümmen, mit dem Saft
aufsteigen und den großen Bäumen lauschen. Denn ihr Leben
ist älter als die Tierwelt, reicht tiefer als unser Denken,
und das kann unser ursprünglichstes Sein durchdringen.

– *Guy Murchie*, The Seven Mysteries of Life

• • • • • • • • • • • •

*»Wenn ich sehe, wie die Pflanzen wachsen, sich entwickeln
und sich verändern, befriedigt dies meine Neugier. Die Einzig-
artigkeit jeder Pflanze wahrzunehmen, ihre jeweiligen Bedürfnisse und ihre Reaktion auf unsere Berührung, ist ein Wunder.
Ich liebe es, meine Hände über jedes Blatt, jeden Dorn, jeden
Stängel gleiten zu lassen. Ich kann sie fühlen, sehen, berühren,
schmecken und riechen – alle Sinne sind angesprochen. Durch
das Gärtnern habe ich Geduld gelernt, wurde einfallsreicher
und klüger und kann beobachten. Ich sehe nicht nur einen
Flecken Grün auf dem Boden, sondern individuelle Pflanzen,
und jede davon ist einzigartig.«*

– *Gem Yuson*

Wie die meisten Stadtbewohner weißt du möglicherweise nicht, wo du anfangen sollst, um wieder mehr Kontakt zur Natur zu haben, willst aber vielleicht von den heilsamen Eigenschaften profitieren, die bereits angesprochen wurden. Manchmal kommt auch der Gedanke auf: *Wo ich wohne, gibt es einfach keine schöne Natur.* Das ist nicht wahr, und ich werde gleich erklären, warum. Denn zum Glück ist es ganz leicht, sich überall an der Natur zu erfreuen. Es erfordert lediglich einen Perspektivwechsel. In diesem Kapitel loten wir aus, wie er dir gelingt.

Dass Menschen in der Stadt den Bezug zur Natur verlieren, ist hinreichend belegt. Es ist auch keine Schande. Das passiert einfach, wenn etwas oder jemand nicht ständig Teil unseres Lebens ist. Wir werden nachlässig und vergessen, wie gut ein Work-out oder die Übungsstunde auf der Yogamatte tut. Freundinnen, die einst unzertrennlich waren, verlieren sich als Erwachsene nach dem Abschluss aus den

Augen. Selbst Ehepaare entfernen sich voneinander, wenn ausreichend Zeit verstreicht, ohne dass man sich wirklich nahekommt. Mit unserer Beziehung zur Natur ist es ebenso.

Der von dem Journalisten Richard Louv erdachte Begriff der »Naturdefizitstörung« ist zwar keine offizielle medizinische Diagnose, fasst aber hervorragend zusammen, wie sehr es unserer Gesundheit schadet, wenn wir uns von der Natur lösen oder gar entfremden. Diverse Studien haben den Nachweis erbracht, dass die »Pflanzenblindheit« – ein weiterer, nicht-medizinischer Begriff, der 1998 von den Botanikern James Wandersee und Elisabeth Schussler geprägt wurde und sich auf die »Unfähigkeit, in der eigenen Umgebung Pflanzen zu sehen oder zu registrieren« bezieht – wahrscheinlich darauf beruht, dass wir weniger Zeit in der Natur verbringen, auf dem Feld, im Wald und auf der Wiese.

Unter der Leitung von Frank Dugan, Pflanzenpathologe im amerikanischen Landwirtschaftsministerium, wurde in London eine Studie zu Pflanzenblindheit und botanischen Grundkenntnissen durchgeführt. Dabei stellte sich heraus, dass Studierende, Absolventen und eine ganze Menge Biologielehrer mit Mühe und Not zehn häufige Wildblumen erkannten. Wobei acht dieser zehn Wildblumen bei Shakespeare erwähnt werden und alle zehn in britischen Kinderliedern, Reimen oder Märchen auftauchen.[22] Ursprünglich zählten sie also durchaus zum Allgemeinwissen der gebildeten wie der ungebildeten Schichten. Der relativ rasante Verlust an Wissen über die Pflanzen, die nicht einmal mehr erkannt werden, liegt aus Franks Sicht nicht unbedingt daran, dass uns Tiere einfach anziehender erscheinen als Pflanzen (ein Phänomen, das als *Zoozentrismus* bezeichnet wird), sondern ist eher ein Hinweis, dass wir die Verbindung zur Natur verlieren, weil wir uns nicht mehr in ihr aufhalten.

Sollten wir also öfter einen Ausflug machen? Wandern gehen? Äpfel ernten? Das sind lauter gute Ideen, aber die gute Nachricht ist, dass es bei der Zwiesprache mit der Natur (von der wir profitieren) weniger darum geht, etwas zu *suchen,* sondern vielmehr um das *Sehen.* Dazu musst du dein Tempo ein wenig herunterschrauben und zugleich etwas inneren Raum zulassen. So bekommst du die Chance, die ganz alltäglichen Kunstwerke der Natur wahrzunehmen und zu bewundern. Wie das geht? Nun, indem du Pflanzen zur Kenntnis nimmst, sie betrachtest und dich dafür interessierst, wie das Leben von ihrer Warte aus aussehen könnte. Denn dann kannst du gleich vor deiner Tür eine wundersame neue Welt entdecken.

Vor nicht allzu langer Zeit sollte ich einem Klienten helfen, Geschäftsmodelle zusammenzutragen, die mehr Menschen zum Gärtnern ermuntern. »Pflanzenblindheit ist real«, versicherte er mir, als ich diesen Begriff erwähnte, und erzählte dann, wie eine andere Person (die mich für diesen Auftrag ins Gespräch gebracht hatte) bei der ersten Begegnung gar nicht registriert hatte, wie üppig seine Büros mit Pflanzen bestückt waren. Vermutlich waren sie allenfalls als Hintergrundkulisse aufgefallen.

Pflanzenblindheit hat eine weitreichende Wirkung. Es geht nicht nur darum, dass jemand gar nicht erst eine Gärtnerei aufsucht. Es dürfte leicht nachvollziehbar sein, dass ein Mensch, der Pflanzen nicht einmal erkennt, leicht vergisst, wie wichtig sie für unser Leben, für die Biosphäre und alles Leben auf dieser Erde sind. Das wiederum führt zu geringerer Aufmerksamkeit im Hinblick auf ihren Schutz und entsprechende Richtlinien. In den USA sind beispielsweise 57 Prozent der gefährdeten Arten Pflanzen. Dennoch fließen nur vier Prozent der Gelder für bedrohte und gefährdete Arten in entsprechende Schutzmaßnahmen.

Erschreckend ist diese Kluft, wenn man bedenkt, dass Pflanzen die entscheidende Grundlage für gesunde Ökosysteme bilden. Weltweit wurden 2550 Orte als *Important Plant Areas* (IPA) identifiziert, also als Regionen mit international signifikanten Populationen bedrohter Pflanzenarten, bedrohter Lebensräume beziehungsweise mit außergewöhnlicher botanischer Vielfalt. Aber diese Gebiete stehen teilweise nur begrenzt unter Schutz und unterliegen diversen Gefahren durch Bautätigkeit, Landwirtschaft und klimatische Veränderungen. Es ist ein gefährlicher Teufelskreis: Weniger Aufmerksamkeit für die Pflanzen bedeutet weniger Artenschutz, weniger Raum für Pflanzen und noch weniger Gelegenheit, persönlich mit Pflanzen in Kontakt zu kommen, besonders in ihrer natürlichen Umgebung.

Kommen wir noch einmal auf unseren Vergleich mit anderen Beziehungen in unserem Leben zurück, die wir irgendwann abbrechen. Wenn man keinen Kontakt mehr pflegt, wie kann dann eine Beziehung Bestand haben? Und wenn diese Beziehung nicht mehr besteht, wie erlebst du ihre positiven, lebensbejahenden Elemente? Nicht anders ist es mit unserer Beziehung zu den Pflanzen.

Zum Glück ist Pflanzenblindheit heilbar, wie meine Arbeit und die vieler anderer belegen. In einer Studie mit über 200 Studierenden, dem »Pet Plant Project«, sollten die Teilnehmenden aus einem Samen eine unbekannte Pflanze ziehen, ihre Entwicklung beobachten und täglich mit ihr in Kontakt kommen. Bei dieser Studie existierte zwar keine Kontrollgruppe, aber die Untersuchung ergab doch, dass die Mehrheit der Teilnehmer anschließend mehr auf Pflanzen achtete und sich vornahm, in Zukunft wieder welche zu ziehen.[23] Nach meiner Brainstorming-Sitzung mit dem Klienten äußerten auch viele Kollegen, dass sie die Pflanzen jetzt mehr zu schätzen wüssten. Einige sprachen mich anschließend sogar auf Tipps zur Pflanzenpflege an. Das geschieht auch bei meinen Workshops regelmäßig – die Leute kommen auf mich zu, weil sie mehr wissen wollen, sobald sie die inneren Geheimnisse entdecken, die uns Pflanzen zu bieten haben. Sobald man sich ein gewisses Grundverständnis angeeignet hat, werden die Freude und die Begeisterung für die Pflanzen schnell ansteckend.

 »Das Studium der Zahnmedizin war sehr stressig. Ich besorgte mir eine Rose, eine Aloe-vera-Pflanze und ein Geldbäumchen für mein Zimmer im Wohnheim. Die ließen mich richtig zur Ruhe kommen. Ich war glücklich, wenn die neue Rose blühte, mein Geldbäumchen so schnell wuchs und die Aloe als Hausmittel diente. Als ich auszog, fragte eine jüngere Studentin, ob sie meine Pflanzen übernehmen dürfte. Ich vererbte sie ihr nur zu gern.«
– Sreeja Renju Nair

»Nach dem Tod meines Schwiegervaters habe ich intensiv getrauert. Laut eines Bluttests hatte ich auch zu wenig Vitamin D. Es war zwar Zufall, doch wenn ich in der Sonne saß, um mein Vitamin-D-Level zu steigern, dachte ich immer daran, wie sehr ich meinen Schwiegervater vermisste. Ich hatte ihn oft zu seinen Pflanzen befragt. Er liebte Kamelien, und ihre Blüten waren so groß wie meine Hand. Also pflanzte ich selbst Kamelien. Jeden Tag war ich im Freien für meine Extraportion Vitamin D. Bald pflanzte ich auch Geranien, Azaleen, Rosen und mehr. *Ich liebe es!!!* Und interessanterweise haben jetzt auch mein Mann und meine Kinder Freude an diesen Pflanzen. Es ist herrlich, wenn die Kinder in all dem Grün Klavier oder Klarinette spielen. So erfreuen sich alle an einem wunderbaren Musikdschungel.«
– L. Mak

»Als meine Tochter 17 war, konnten wir uns nicht mehr in die Augen sehen. Nach einem ihrer furchtbaren Schreianfälle schrie ich zurück, sie sei ein ›fieses Miststück‹. Ich glaube, wir waren beide geschockt, denn ich konnte nicht fassen, dass ich das gesagt hatte. Sie stürmte aus dem Haus. Später ging ich einkaufen, und im Supermarkt bleibe ich immer kurz bei den Pflanzen stehen. An jenem Tag fiel mir eine rote, herzförmige Anthurie in die Augen. Ich blieb stehen und musste weinen. Als ich alles hatte, was ich für das Essen brauchte, ging ich zurück und kaufte diese

Pflanze. Zu Hause schrieb ich einen langen, gefühlvollen Brief an meine Tochter, den ich ihr zusammen mit der Pflanze überreichte. Wir klärten die Sache. Fünf Jahre später war ihre Abschlussfeier am College. Zum Glück standen wir uns da wieder näher. Ich half ihr beim Auszug, und sie bat mich, ihr die ›Miststückpflanze‹ aus dem Fenster zu reichen. Ich hatte keine Ahnung, was sie meinte. Da erklärte sie mir, dass dies die Pflanze sei, die ich ihr damals geschenkt hatte, nachdem ich sie als ›Miststück‹ bezeichnet hatte. Sie sagte, die Pflanze würde sie daran erinnern, dass ich sie nie aufgegeben hätte und sie auch in schwierigen Zeiten liebte. Wenn ihr mal alles zu viel werde, würde sie mit der Pflanze reden wie mit mir. Wenn ich jetzt diese Pflanze sehe, bekomme ich Schuldgefühle, aber ich bin auch glücklich, dass sie mir die Chance gegeben hat, wieder zu meiner Tochter zu finden.

Die Pflanzen haben aber nicht nur meine Tochter und mich einander nähergebracht. Ich weiß noch, wie meine Mutter und meine Großmutter Setzlinge nahmen, die im Wasser Wurzeln bildeten, bis man sie eintopfen konnte. Jede Pflanze erzählte eine Geschichte. Die eine stammte von einer Beerdigung, die nächste von einer Hochzeit, die dritte aus einem Urlaub. Diese Tradition habe ich fortgesetzt, zum Beispiel, indem ich von den Pflanzen auf der Hochzeit meiner Tochter Ableger nahm. Sie vermitteln mir das Gefühl von Frieden und Verbundenheit mit meinen Angehörigen und Freunden. Auch mein Mann macht mit: Bevor

er in den Irak zog, schenkte er mir eine Orchidee.
Ich hegte und pflegte sie, denn ich wollte unbedingt,
dass sie noch da wäre, wenn er nach Hause käme. Es
bedeutete mir unendlich viel, dass sie erneut blühte,
während er fort war, und ihre Blüte schien ewig anzu-
halten. Es war, als ob sie wüsste, wie sehr meine Seele
sich nach diesem Blühen sehnte. Inzwischen ist sie seit
2005 in meiner Familie, und mein Mann und ich lieben diese zarte Orchidee, die bis heute blüht, ganz
besonders.«
– Deanna Lynn Cole

Ob als erfahrener Pflanzenfreund oder als blutiger Anfänger – ich empfehle stets die »aktive Beobachtung« von Pflanzen, um sich auf wachsende Dinge einzustellen. Das verbessert nicht nur die Pflegekünste, sondern beruhigt auch
ungemein, weil es das Lebenstempo etwas herunterschraubt
und dazu beiträgt, den Augenblick zu genießen. So kann
man selbst inmitten lebhafter Städte friedliche Momente erleben. Auf dieser aufmunternden Odyssee werden Pflanzen
zu Verbündeten. Du brauchst dich nur bewusst dafür zu entscheiden, die Natur wahrzunehmen.

Das nehme ich mir jeden Morgen vor, wenn ich spazieren gehe. Dabei komme ich regelmäßig an einem zähen Essigbaum vorbei *(Rhus glabra* oder auch Kahler Scharlach-
Sumach), dessen spitz zulaufende, wechselständige Blätter
wie große grüne Federn an leuchtend roten Blattstielen sitzen. Als zäh habe ich ihn eingestuft, weil er sich in einer
ziemlich schmalen Ritze zwischen dem betonierten Weg und

einer Ziegelwand angesiedelt hat. Irgendwie gedeiht die buschige Pflanze, die im 45-Grad-Winkel von der Wand weg wächst, seit Jahren an diesem eher unwirtlichen Ort und wurde in der letzten Wachstumsperiode über zwei Meter lang. Wie sie diese Ritze überhaupt gefunden hat, ob durch Zufall oder mit etwas Hilfe, bleibt unklar. Angesichts ihres Standorts stelle ich mir gern vor, dass eine Taube (oder ein anderer wilder Vogel) im Winter die roten Beeren gefuttert hat und sich dann oben auf dem Gebäude erleichterte. So bekam die *Rhus* auf dem Weg nach unten gleich noch eine Portion Dünger mit. Pflanzensamen passieren das Verdauungssystem von Vögeln oder anderen Tieren häufig unbeschadet. Dadurch landen sie nicht nur fernab der Mutterpflanze, sondern finden auch gleich eine fruchtbare Umgebung vor (in diesem Fall Vogelmist).

Ich frage mich oft, wie dieser Sumach, der eigentlich gern über Wurzeltriebe Kolonien bildet, seine Einsamkeit überwinden wird. Wenn man ihn ganz in Ruhe lässt, hat er viele Jahre Zeit, dieses Problem zu lösen. Vielleicht werden die verschlungenen unterirdischen Wurzeln den Spalt mit der Zeit erweitern und neues Wachstum ermöglichen. Oder er wartet, bis ein harter Winter irgendwann seine eisigen Finger unter den Beton bohrt, um den groben, grauen Gürtel zu sprengen, der den Baum umschlingt. Vielleicht bleibt er aber auch ewig allein, ein echtes Mauerblümchen, das durch das Schicksal seines Geburtsorts zur Einsamkeit verdammt ist. Im Gegensatz zu uns Menschen kann eine Pflanze schließlich nicht ihre Wurzeln nehmen und umziehen, wenn ihr das Klima, der Boden oder das soziale Umfeld nicht zusagen. Sie muss dort wachsen, wo sie gepflanzt wird – leben oder sterben – und zum Reisen ganz auf ihre Samen oder Sporen setzen. Außerdem könnte sich ihre Umgebung natürlich auch durch äußerliche Einflüsse verändern, beispielsweise eine Baustelle. Dann würde man sie sang- und klanglos herausreißen, und meine täglichen Beobachtungen samt meiner Beziehung zu dieser urbanen Nachbarin würden enden.

Derartige Beobachtungen holen uns in die Gegenwart und drosseln unser Tempo, auch wenn das Tempo um uns herum gleich bleibt. Wir haben damit die Möglichkeit, längerfristige Veränderungen zu würdigen, wie hier das pflanzliche Zeitgefühl. Von Tag zu Tag sind die Veränderungen einer Pflanze wie *Rhus glabra* kaum wahrnehmbar, aber über die Jahreszeiten oder mehrere Jahre hinweg können sie sehr deutlich ausfallen. Jedenfalls wenn wir genau hinschauen.

Besonders wenn wir solche Beobachtungen täglich zulassen, sind wir eher bereit für tiefgreifende Erfahrungen und Interaktionen mit der Natur, nicht nur in der Stadt, sondern überall. Auf der Basis von alltäglichen Beobachtungen und möglichen Szenarien (wie bei mir mit »meinem« Essigbaum) kann sich ein Gefühl für Gemeinschaft, Nachbarschaft und sogar Verantwortung für unsere chlorophylligen Landsleute entwickeln. So erging es mir auf einem anderen morgendlichen Rundweg in der entgegengesetzten Richtung mit einer einsamen *Bryophyllum delagoense* (hierzulande auch als *Kalanchoe delagoensis* bekannt).

Allerdings wird *Bryophyllum delagoense* gern als »Mutter von Tausenden« bezeichnet, was bereits einiges über ihre

Lebenskraft verrät. Die Sukkulente stammt aus Madagaskar und ist somit an Dürren und extreme Bedingungen angepasst. Im Sommer war diese Brooklyner Bryo somit die geborene Überlebenskünstlerin.

Die Gegend, durch die ich spazierte, war eine Riesenbaustelle. Ein Haushaltswarengeschäft hatte zugemacht, und hinter einem der sonnigen Fenster lugte eine auffällig große, ziemlich verwucherte Pflanze hervor. Ich blieb stehen, trat näher und sah genauer hin. Die dickblättrige Sukkulente war fast so groß wie ich, stand in einem Topf und lehnte ihren Stängel an das Glas. Nur eine dünne Glasscheibe trennte uns voneinander, aber ich kam nicht in das Gebäude und musste weitergehen. Dennoch behielt ich sie im Auge.

Monate später sah ich eines Tages einen Arbeiter im Haus. Überall lagen Werkzeuge, Staub und Holzreste herum, aber die leidensfähige Pflanze, die in ihrem verstaubten Pflanzgefäß standhaft durchgehalten hatte, reckte sich noch immer stoisch in die Höhe. Ich fragte den Arbeiter, ob ich ihm die Pflanze abnehmen könnte.

»Kommen Sie morgen wieder«, sagte er mir kurz angebunden. »Dann ist mein Vorarbeiter da. Fragen Sie den.«

Am nächsten Morgen stand ich prompt mit meiner Gartenschere wieder da und wandte mich an den Vorarbeiter. »Machen Sie damit, was Sie wollen«, sagte der wegwerfend.

Eine derart große Pflanze konnte ich unmöglich nach Hause schleppen. Also schnitt ich ein paar etwas ältere Stängel ab, legte die robusten Stücke in eine große Tasche und trug sie nach Hause. Dort breitete ich sie auf den Dielen aus. Ich hatte volle fünfzehn Stängel von meinem Schützling mitgebracht, dazu massenweise Ableger (Klone, die sich entlang der Blattränder der Mutterpflanze bilden und bereitwillig Wurzeln ausbilden, daher der Name »Mutter von Tausenden«). Einige Tage später, nachdem die Schnittstellen verholzt waren und nicht mehr faulen würden, setzte ich sie alle in einen riesengroßen Topf und stellte mein Fundstück auf die Südseite. Jetzt, wo ich ihre Geschichte niederschreibe, steht sie neben mir, bildet fröhlich Nachwuchs und fügt sich wunderbar in die anderen Pflanzen meines Schlafzimmers ein.

Pflanzen zu retten ist unglaublich lohnend. Selbst mit wenig Platz kann man ein paar notleidende Pflanzen aufnehmen. Häufig lässt jemand bei einem Umzug etwas stehen (so kam ich erst kürzlich zu ein paar verwaisten Exemplaren). Auf Anzeigenportalen entdecken Findige immer wieder kostenlose Angebote. Große Ketten entsorgen Restbestände ihrer häufig vernachlässigten Pflanzen rigoros. Oder du erstehst eine dieser armen Pachiras, die irgendwo in Kassennähe vor sich hin bibbern. Nimm einen Ableger von der anämischen Grünlilie, die im Büro auf dem Aktenschrank vor sich hin darbt, füll ein wenig lockere Erde in ein altes Marmeladenglas, stell es auf die Fensterbank und sieh zu, wie sie Wurzeln treibt. Später setzt du sie liebevoll in eine Ampel um, und nach ein paar Monaten genießt du morgens deinen Kaffee oder Tee, während die Sonnenstrahlen durch das üppige Blattwerk fallen. Pflanzen belohnen ein wenig Aufmerksamkeit und Geduld, indem sie uns buchstäblich durch dick und dünn begleiten.

»Vor ein paar Jahren verlief mein Leben ziemlich holprig, und ich ging spontan in ein Pflanzengeschäft. An diesem Tag kaufte ich nichts, aber der Gedanke an eine Pflanze für zu Hause ging mir nicht mehr aus dem Kopf. Also kam ich anderntags wieder und erwarb zwei Pflanzen, einen tiefroten *Philodendron* und eine hübsche *Hoya*. Jeden Morgen versorgte ich erst einmal meine Pflanzen. Schon bald merkte ich, wie sie neue Triebe ausbildeten, und das half mir, meine Mitte wiederzufinden, und erinnerte mich daran, das Gute in der Welt wahrzunehmen.«
– Julia K.

»Letzten Herbst wurde mir bewusst, dass ich jahreszeitlich bedingte Depressionen hatte. Ich brauchte etwas, das mich aufmunterte und leistungsfähig machte. Also kaufte ich ein paar Sukkulenten … was darin mündete, dass ich schon bald Pflanzen aus Samen zog oder über Stecklinge vermehrte. Im Winter bekam ich in der Arbeit und von meiner Großmutter überzählige Zimmerpflanzen. Ich lernte, wie man vernachlässigte Pflanzen wieder aufpäppelt. Irgendwann schockte ich aus Versehen die frisch erstandene *Maranta* und die *Pilea involucrata*, aber nach ein paar Monaten erholten sie sich wieder davon. Durch diese Arbeit zog ich auch mich selbst ein Stück weit aus dem Sumpf. Es hat etwas Therapeutisches, wenn man Dinge wachsen lässt und Pflanzen zum Gedeihen verhilft.«
– Cole A.

Auch die freiwillige Mitarbeit in meinem Gemeinschaftsgarten, wo ich in der Wachstumsperiode vier Stunden pro Woche helfe, sehe ich in erster Linie als bewegte Meditation, die Körper, Geist und Energie unterstützt. Ich war so häufig dort, dass ich irgendwann fragte, ob ich Mitglied werden könnte. Für städtische Maßstäbe ist der Garten mit 1000 Quadratmetern ziemlich groß und damit für viele Menschen ein verborgenes Juwel, besonders für jene, die schon seit Jahrzehnten Mitglied sind. Jeder gestutzte Ast, jede Schaufel umgebrochene Erde, jede gepflanzte Blume, das alles ist wie eine Stickerei, die dich enger mit dem Gewebe der Gemeinschaft verbindet, in der du zu Hause bist.

 »Ich bin Vorstandsmitglied in unserem botanischen Gemeinschaftsgarten. Ursprünglich war ich eingetreten, weil ich eine schwierige Zeit durchmachte und merkte, dass es mir sofort besser geht, wenn ich die Hände in der Erde habe und mich um Pflanzen kümmern kann. Über den Garten sind auch neue Freundschaften entstanden. Ich habe gute Freunde gefunden, mit denen mich die Liebe zur Natur und zu den Pflanzen verbindet.«
– Christina Cobb

 »Nach einem schlimmen Ereignis schenkte mir das Kümmern um Pflanzen neuen Frieden. Es liegt ein stilles, bedächtiges Glück darin zuzusehen, wie sich etwas allmählich verändert, und dadurch auch die Jahreszeiten besser wahrzunehmen. Meine wachsende

Liebe zu den Pflanzen brachte mich dazu, einem entsprechenden Verein beizutreten – ein kleiner Schritt zurück ins Sozialleben. Am Ende bewarb ich mich um die Teilnahme an einem Gartenbauprogramm, das die Welt verändert, und wurde aufgenommen. Pflanzen sind ein Wunderwerk in einer mitunter entmutigenden Welt. Sie vermitteln mir Hoffnung, inneren Frieden und ein ruhiges Herz.«
– Tessa Kum

Es kann zugegebenermaßen etwas dauern, bis man Pflanzen richtig wahrnimmt. Manchmal muss man ganz bewusst hinschauen, so wie es mir mit dem Essigbaum ging. Schließlich sind Pflanzen unaufdringliche Wesen, deren Zauber in der Zurückhaltung liegt – wie bei einem flüchtigen Blick über die volle Tanzfläche, ein heimliches Rendezvous zweier Liebender im schützenden Dunkel der Nacht, ein willkommener Windhauch an einem stickigen Tag. Den meisten Menschen kommen Pflanzen wie passive Wesen vor, die nicht reagieren können, ein verpixeltes, grünes Rauschen. In den folgenden Kapiteln wird sich jedoch zeigen, dass Pflanzen keineswegs unbeweglich sind und mit einer Fülle an schillernden Farben, Formen und Geheimnissen aufwarten können, die sie großzügig mit uns teilen.

1. **Wähle eine Pflanze aus der Nachbarschaft, die du beim Spazierengehen beobachten kannst.** Eine Woche lang, zwei Wochen, einen Monat oder den ganzen Sommer hindurch. Vielleicht ist es etwas ganz Unscheinbares wie ein Löwenzahn *(Taraxacum officinale)* in einer Ritze im Gehweg, eine Buntnessel *(Plectranthus scutellarioides)* in einem Balkonkasten oder aber eine dicke Eiche *(Quercus* sp.) im Nachbargarten. Präge dir täglich ein, wie diese Pflanze aussieht. Welche Farbe haben ihre Blätter? Wächst sie in eine bestimmte Richtung? Blüht sie? Treibt sie auf einer Seite mehr Blätter?

2. **Überlege dir mögliche Erklärungen für deine Beobachtungen.** Denke dir passende Geschichten aus, die erklären könnten, warum etwas so ist, wie es ist. Zum Beispiel könnte die Eiche auf der einen Seite mehr Blätter ausbilden, weil sie dort nachmittags mehr Sonne bekommt. Vielleicht hat aber auch jemand die andere Seite zurückgeschnitten, weil dort ein Kabel verläuft.

3. **Nimm im Verlauf dieser Zeit eine kaum merkliche und eine deutliche Veränderung wahr.** Verändert sich die Ausrichtung der Blätter im Tagesverlauf? Beginnt die Eiche Eicheln zu bilden? Wer nach kleineren und

größeren Veränderungen Ausschau hält, kann mit der Zeit die Fähigkeit schärfen, Umbrüche zu entdecken. Mit der nötigen Übung wirst du feststellen, dass du dir im Geiste notierst, in welchem Tempo »deine« Pflanze sich entwickelt. Und dieses Tempo unterscheidet sich wahrscheinlich erheblich von deinem.

WENN IM WALD EIN BAUM UMFÄLLT...

Wir misshandeln das Land, weil wir es als eine Sache
betrachten, die uns gehört. Wenn wir das Land als eine
Gemeinschaft betrachten, der wir angehören, könnten
wir es vielleicht liebevoll und respektvoll nutzen.

– *Aldo Leopold*

• • • • • • • • • • • •

*»Pflanzen erinnern mich daran, dass wir alle miteinander in
Verbindung stehen und dass mein Leben aus einer langen Linie
stammt, die bis zum Beginn allen Lebens zurückgeht – und
wenn meine Vorfahren mich an diesen Zeitpunkt verfrachtet
haben, wird es auch mir gut gehen.«*

– *Eric@aroiddaddy*

NIMM DIR ZEIT. WIE VIELE PFLANZEN UMGEBEN
DICH IN DIESEM MOMENT? SCHREIBE DIE ZAHL AUF
ODER PRÄGE SIE DIR EIN.

Zu meinen ersten Lektionen, wie wir unsere Umgebung beeinflussen können (und wie sie wiederum uns beeinflusst), zählt eine Erfahrung aus meiner Jugend. Damals war ich an der Renaturierung einer ehemaligen Kohlemine in der Nähe meiner Heimatstadt beteiligt. Meine Aufgabe bestand unter anderem darin, die einzelnen Bestandteile der Landschaft wieder so zusammenzufügen, dass sich dort wieder Pflanzen ansiedelten und ein gesundes Ökosystem erschaffen könnten. Das Wichtigste daran (und ein echter Augenöffner) war die Erstellung des Plans zur Bepflanzung rund um Grassy Island Creek, eine von vielen Industriebrachen der Kohleförderung, wie sie rund um meine Heimatstadt nur zu häufig sind.

Ein ehemaliges Minengelände wieder zu begrünen ist gar nicht so leicht. Damals wuchs dort nicht mehr viel. Nur die eine oder andere kränklich wirkende Grau-Birke *(Betula populifolia)* behauptete sich wacker in dem zerklüfteten Boden. Hinzu kam das eine oder andere Dickicht von Japanischem

Staudenknöterich *(Fallopia japonica)*, eine schnellwüchsige, invasive Art mit bambusartigen Stängeln. Ansonsten war das Land verwüstet, ein Haufen schwarzer Felsen, die aussahen, als wären sie in geschmolzener Form auf den Planeten gestürzt und dort erstarrt und abgekühlt.

Ich fand mich auf einem Gelände wieder, wo womöglich einst mein Urgroßvater gearbeitet hatte, als er in meinem Alter war, und versuchte, »ungeschehen« zu machen, was er oder Männer wie er damals hatten tun müssen. Aus einem alten Schacht, der an eine schwarze, verschorfte Wunde in der Haut der Erde erinnerte, quoll ein feiner Rauchfaden wie der heiße Odem eines schlafenden Drachen.

Nachdem ein Großteil der alten Wälder von Pennsylvania abgeholzt worden war, verwandelten die Anthrazit-Minen allmählich das Land. Mein Urgroßvater hat über 15 Jahre lang in diesen Minen gearbeitet und bereits mit 18 dort angefangen. Als Kind war ich nicht neugierig genug, ihn nach seiner Arbeit zu befragen, sodass ich heute auf die Erzählungen meiner Großmutter angewiesen bin. Als er damals gebrechlich wurde, hatte sie ihren Vater gebeten, genau aufzuschreiben, wo er als junger Mann überall gearbeitet hatte, um kein Stück seiner Geschichte zu verlieren.

So fand ich die Seiten wieder, die meine Großmutter fast 20 Jahre zuvor ordentlich in ihrer Bibel verwahrt hatte. Langsam entzifferte ich seine schwerfällige Handschrift. Er schrieb direkt und klar, ohne Umschweife, ohne Klagen – so wie mein Urgroßvater zu Lebzeiten nun einmal gewesen war: »Zuerst in Dickson in den Minen. Nach fünf Jahren dann weiter nach Miles Slope, Olyphant. Dann zu Rogers Coal

Mine in Scranton. Dann nach Eddy Creek für die Hudson Coal Company in Olyphant, und dann Swader Mine.«

Mein Urgroßvater hatte sich nie beklagt, doch meine Großmutter berichtete, dass die Arbeit sehr hart war. Im Winter marschierte er schweißnass durch den Schnee nach Hause. Wenn er heimkam, waren seine Kleider steif, weil der nasse Stoff gefroren war. Ein paar Jahre nach der Hochzeit mit meiner Urgroßmutter machte sich an seiner Lunge bemerkbar, wie teuer die unablässige Kohleförderung ihn, das Land und die Luft zu stehen kam. Die Erde (und wir) wären besser dran gewesen, wenn die Kohle im Boden geblieben wäre.

Heute wird im Nordosten der USA, wo ich herkomme, nicht mehr so viel Kohle gefördert. Das liegt vor allem an der Katastrophe von 1959 in der Knox Mine in Exeter und Pittston. Damals brach der Susquehanna River in die Schächte ein und tötete zwölf Männer. Man versuchte Kohlewagen um Kohlewagen, das klaffende Loch mit dem unterirdischen Wasserfall zu verstopfen. Die Vorstellung, dass wir unter der Erde so viele Tunnel gegraben haben, dass dort ein ganzer Fluss mit seinen vielen Kubikmetern Wasser verschwinden konnte, ist ungeheuerlich, quasi der Inbegriff von schwarzer Magie. 1959 war der Kohlebedarf, der zuvor durch übermäßige Abholzung, die Kriege und die Eisenbahnen angeheizt worden war, bereits rückläufig. Die Katastrophe von Knox Mine war der Sargnagel für den tiefen Kohlebergbau.

Menschen schieben Dinge unglaublich lange vor sich her. Erst nach einem ernsten gesundheitlichen Warnschuss stellen wir unsere Ernährung um oder treiben regelmäßig Sport. Erst nach dem Nervenzusammenbruch kündigen wir den stressigen Job. Offenbar begreifen wir erst, wenn die Katastrophe da ist, dass wir unsere Pläne ändern oder stoppen müssen. Bis dahin wird abgewartet. Aktuell geht es bei dem 380 Millionen Jahre alten Erdgasvorkommen in der Marcellus-Formation (Sedimentschichten aus Meeres- und Planktonablagerungen aus dem Devon) tief unter den westlichen Appalachen nicht mehr um Kohleförderung, sondern um hydraulische Erdgasgewinnung mittels Fracking. Bei dieser Technik werden Wasser und giftige Chemikalien unter hohem Druck durch Risse im Gestein gepresst, um Öl oder Gas zu fördern, die vor Urzeiten aus organischer Materie entstanden sind.

Während ich also das Land von Grassy Island Creek erforschte, bückte ich mich in der Hitze nach einem Stück aschfarbenem Gestein. Zuallererst brauchten wir ein Substrat, in dem sich Wurzeln ansiedeln konnten. Wir benötigten Erde, und zwar jede Menge. Außerdem würden wir das ganze Gebiet gründlich kalken müssen, um den sauren Untergrund zu neutralisieren. Die meisten Pflanzen und sonstigen Lebensformen kommen mit derartigen Umgebungen nicht zurecht.

Und vor allem mussten Land und Fluss wieder ein natürliches Relief bekommen, wenn die Renaturierung von Dauer sein sollte, denn um optimalen Zugang zur Kohle zu haben, hatte man den Fluss kanalisiert. Seitdem strömte er durch große Zementbetten, die seine natürlichen Fließeigenschaften stark beeinträchtigten.

Um den Fluss neu anzulegen, wurde ein auf Flüsse spezialisierter Geomorphologe hinzugezogen, der mit vielen kleinen Eingriffen ein neues, »anatomisch korrektes« Bett schuf, als wäre er ein Landschaftschirurg. Er fügte Untiefen und gemächlicher fließende Bereiche ein, um Lebensräume für Algen, Wasserinsekten und irgendwann einmal auch Fische zu schaffen. Sobald der Boden und die Pflanzen kamen, sollte das neue System rein theoretisch zum Selbstläufer werden.

Als Nächstes kam die Bepflanzung. Ich sollte festlegen, welche Bäume für das geschädigte Gelände am passendsten waren, mit wie vielen wir anfangen sollten, und wo und in welchen Abständen sie gesetzt werden mussten. Natürlich wählte ich – abgesehen von Buschweiden, die speziell zur Bepflanzung von nicht urbarem Gelände wie alten Minen gezüchtet wurden – einheimische Bäume. Was mir vorschwebte, war eine artenreiche Mischung mit fruchttragenden Bäumen wie Felsenbirne *(Amelanchier* sp.), Judasbaum *(Cercis canadensis)* und Wildkirschen *(Cornus* sp.), um Tiere anzulocken, aber auch stickstoffspeichernde Arten wie Erlen *(Alnus* sp.) und Robinien *(Robinia* sp.), welche die Neubildung von Humus anregen sollten. Außerdem wählte ich einige Eschen *(Fraxinus* sp.), Eichen *(Quercus* sp.) und Ahornbäume (Acer sp.), um auch ortstypische Pflanzen einzubeziehen, denn schnellwüchsige Arten wie Robinien oder invasive Arten wie der Japanische Staudenknöterich nehmen leicht überhand, ehe die anderen sich richtig etablieren können.

Wir brachten Saatgut aus, vor allem Hornklee *(Lotus corniculatus)*, der mit einer stickstoffbindenden Bakterienart

(Rhizobium lupini) versetzt war, denn Hornklee gilt als dürreresistente Pflanze, die sich gut ausbreitet und zudem hübsche kanariengelbe Blüten ausbildet. Hinzu kam ebenfalls stickstoffbindender Weißklee *(Trifolium repens)* sowie eine Mischung aus langsam wachsenden Gräsern. All dies sollte dem Boden neues Leben einhauchen, für mehr Fruchtbarkeit sorgen, die Erosion verlangsamen und den Setzlingen etwas Deckung und bessere Lebensbedingungen verschaffen.

Im Laufe der Wochen schien sich das 0,6 Hektar große Gebiet von Grassy Island Creek förmlich zu verwandeln. Aber unser Erfolg war nur von kurzer Dauer. Als ein Jahr später ein Sturm in dieser Gegend wütete, fehlte der Schutz eines älteren Waldes samt seinen Mikroorganismen, Wurzeln, Humus und Bodendeckern, der die Gewalt des Windes hätte brechen und Erosion und Überflutung Einhalt gebieten können. Nur die Bereiche, die von den Minen weitgehend unberührt geblieben waren, überlebten den Sturm.

Umweltschäden zu beheben dauert viel länger, als sie anzurichten. Trotz bester Absichten, großer Anstrengungen und anständiger Finanzierung konnten wir nicht einmal einen kleinen Streifen des Ökosystems reparieren, dass Mutter Natur im Laufe von Jahrmillionen akribisch angelegt und entwickelt hatte, ein jahrtausendealtes Wunderwerk, das wir Menschen in nur sechs oder sieben Generationen gründlich zerstört hatten.

Eines habe ich aus dieser Erfahrung mitgenommen: Niemand kann sich besser um die Natur kümmern als Mutter Natur selbst. Und wann immer wir beseitigen, vernichten oder zerstören, sollten wir uns vielleicht fragen: Sind wir bereit, diese Landschaft anschließend auf unbestimmte Zeit mit unseren begrenzten Mitteln wieder aufzupäppeln? Wollen wir uns wirklich die Überreste von Pflanzen aneignen, die über Jahrtausende von der Erde zusammengepresst wurden und sie so verbissen verbrennen, dass durch die Abgase saurer Regen entsteht, und dann die unbrauchbaren Überreste auf das Land kippen und es in einem Zustand hinterlassen, in dem noch Jahrhunderte nichts mehr wachsen wird? Oder können wir zu unseren Fehlern stehen und uns fragen: Was können wir, die wir selbst Teil der Natur sind, von ihr lernen?

Wir müssen die Natur nicht vergiften – oder, wie es meinem Urgroßvater und so vielen anderen erging, auch nicht Menschen vergiften. Mit gezieltem Einschlag können wir Waldsysteme gesünder machen. Und mit kluger Planung und Teilhabe können wir unsere Gemeinden lebenswerter und gesünder gestalten. Auch unser häusliches Leben lässt sich beruhigender und einladender herrichten. Und für all das müssen wir uns lediglich der Natur zuwenden, auf sie hören, sie beobachten und ihr bestmöglich nacheifern. Davon können wir erheblich profitieren.

Pflanzenblindheit, das Thema des vorherigen Kapitels, ist ein Symptom für ein größeres Problem, das uns daran hindert, alle Segnungen der Natur anzunehmen. Häufig wird die Natur zu wenig wahrgenommen, zu wenig geschätzt und zerstört, weil wir (und besonders die Stadtmenschen unter uns) sie insgesamt eher aus Konsumentensicht betrachten. Die Natur ist zum Konsumobjekt geworden, das geschickt vermarktet wird, aber kaum noch Ähnlichkeit mit ihrem eigentlichen Wesen hat. In diesem Kapitel möchte ich dazu verführen, über die Schranken des modernen Konsumverhaltens hinauszudenken und zu erkennen, wie viel Dank wir der (schwindenden) Fülle der Natur schulden und wie viele Pflanzen unser Leben unbemerkt bereichern – weit mehr als die Bromelien und Weihnachtssterne, die wir uns im Winter zulegen. Selbst unsere Sprache ist davon geprägt. Betrachten wir diese Welt zur Abwechslung einmal aus der Perspektive einer Pflanze!

AUS PFLANZENPERSPEKTIVE: NATUR IST MEHR ALS »RESSOURCE«

Zehn Jahre vor meinem Aufenthalt im Great-Bear-Regenwald in British Columbia galt diese Gegend ganz nüchtern als »Holzeinschlagsgebiet«. Dieser Landstrich, der nur auf dem Wasserweg erreichbar ist, war der kanadischen Holzindustrie vorbehalten. Hier durfte Holz für die Papierproduktion geschlagen werden, also für Zeitschriften und Bücher. Angesichts dieser Bezeichnung bekommen Unbeteiligte vermutlich leicht den Eindruck, dass diese ausgedehnte Wildnis ein Wirtschaftswald sei.

Im Rahmen einer Exkursion, die das Bewusstsein für dieses Gebiet schärfen und um Spenden dafür werben sollte, hatte ich die seltene Gelegenheit, in den Great-Bear-Regenwald zu reisen. Verschiedene lokale und internationale Umweltschutzverbände und Angehörige der dort ansässigen First

Nations hatten sich zusammengeschlossen, um diese Region von Kanada zu erhalten. Zum Zeitpunkt unserer Reise wurde bekanntgegeben, dass die ersten 2,8 Millionen Hektar des alten Waldes unter strengen Schutz gestellt werden sollten. Ein Fünf-Jahres-Plan sollte Umweltschutzaspekte und die Interessen der Menschen in der Region miteinander vereinbaren. Heute umfasst der Great Bear 6,1 Millionen Hektar, die diversen Erhaltungs-, Bewirtschaftungs- und Schutzvorschriften unterliegen und von der Nordspitze von Vancouver Island bis zur Grenze von Alaska reichen. Sie sind Teil des größten Regenwaldes der Welt in den gemäßigten Küstenzonen. Groß? Ja. Aber dennoch sind diese Wälder eine Rarität, denn sie bedecken weniger als ein Prozent der Landmassen unserer Erde.

Nachdem ein Großteil dieses Waldes an der Pazifikküste liegt und stellenweise über unzählige Inseln verteilt ist, schipperten wir 14 Teilnehmer zwei Wochen lang auf einem Boot umher, um wirklich ein Gefühl für die Gegend zu bekommen. Unser Startpunkt war das malerische Küstenstädtchen Bella Bella auf Campbell Island in British Columbia, der Heimat der Heiltsuk, einer First Nation. Von dort aus ging es nordwärts zur Princess Royal Island.

Der Bug teilte das kalte stahlgraue Wasser der enger werdenden Bucht. Ein unablässiger, feiner Regenfilm streichelte unsere Haut. Die Luft barg so viel Feuchtigkeit, dass man den Eindruck hatte, die Welt durch zugefrorene Scheiben zu betrachten. Die schroffen Klippen um uns herum ragten so hoch auf, dass sie teilweise unter dichten Nebelschwaden verschwanden. Vermutlich hatte sich dieser Nebel über dem Meer gebildet und war auf seinem Weg über das kalte Wasser und das Land kondensiert. Er mäanderte meilenweit über der Bucht und zog wie eine Herde Wolkenschafe die Felswände entlang. Die Bäume – Riesen-Lebensbäume *(Thuja plicata)* und bis zu tausend Jahre alte Sitka-Fichten *(Picea sitchensis)* – klammerten sich an die Felsvorsprünge und säumten wie tapfere, hoch aufgerichtete Soldaten Schulter an Schulter die Klippen.

Auf der Landseite entdeckte unser Kapitän einige Wasserfälle, deren dumpfes Tosen sogar über das Brummen des Motors zu vernehmen war. Er lenkte das Boot so nahe heran, dass wir die eisige Gischt auf dem Gesicht spüren konnten. Am Heck konnten wir fühlen, mit welcher Gewalt das Wasser vibrierte, und unsere begeisterten Rufe gingen im lauten Geprassel unter. Ich habe in meinem Leben viel Zeit in der Natur verbracht, und unzählige Male ließ ein Ausblick mein Herz stocken, aber ich habe mich noch nie so winzig und ehrfürchtig gefühlt, weil eine Landschaft mich derart überwältigte.

Einmal machten wir auf dieser Reise an einem versteckten Sandstrand Halt. Unser Führer von der Kitasoo First Nation, Doug Neasloss, ein gutaussehender Mann mit klaren Gesichtszügen und modischem Crew Cut, forderte uns freundlich auf, die Hüte abzusetzen. Der Ort, den er uns zeigen wollte, war ein Heiligtum, das Fremde kaum einmal zu Gesicht bekamen. Wir folgten ihm durch den Wald, bis wir zwei mächtige Baumstämme von jeweils etwa 1,20 Meter Durchmesser und mindestens 30 Meter Länge erreichten. Man hatte sie gefällt und parallel zueinander in einigem Abstand drei Meter hoch horizontal auf vier weiteren, ähnlich dicken Baumstümpfen platziert. Als wir näher kamen, erkannten wir, dass sie über einer Vertiefung schwebten, einem von Menschenhand geformten Viereck im Waldboden. Diese von Farnen aller Art überwucherte »Bühne« war auf allen vier Seiten von langen Stufen umgeben, die an eine Tribüne erinnerten und den Eindruck eines bemoosten Amphitheaters vermittelten. Vor meinem inneren Auge verwandelte sich der Ort in eine mystische Bühne für die Baumnymphen und Luftgeister des Waldes.

Jahrtausendelang war dieser Ort für die *Potlatches* der Ureinwohner genutzt worden, heilige Zeremonien, bei denen diverse indianische Völker solidarisch zusammenkommen. Unser Führer erklärte uns, dass diese Feste hier heimlich abgehalten wurden, auch als die kanadische Regierung sie zwischen 1884 und 1951 verboten hatte, um die ursprüngliche Bevölkerung zu assimilieren und ihre Kultur zu vernichten. Und nun standen wir an diesem Platz, der für Douglas und sein Volk nicht nur als heilig und Inbegriff ihrer Heimat galt, sondern auch als Symbol des Widerstands.

Auf dem Rückweg zum Boot machten wir eine Pause, um auf ein paar gefällten Bäumen auszuruhen, die schon ewig dort ruhten. Einige waren lang genug für siebzig oder mehr Menschen nebeneinander. Ich zog die Schuhe und die nassen Socken aus, damit meine schrumpeligen Zehen zum ersten Mal seit Tagen Sonnenlicht spüren konnten. Die Luft war vom zarten Geruch nach Salz und Tang aus dem trägen Meer durchzogen. Ross McMillan, der Präsident der Stiftung Tides Canada, der maßgeblich am Projekt des Great-

Bear-Regenwaldes beteiligt war, erzählte uns, dass diese Bäume illegal geschlagen worden waren. Angesichts der einzigartigen, empfindlichen Natur dieser Region hatte man rasch eingegriffen, um weiteren Raubbau zu verhindern. Denn was für die Holzindustrie nach gutem Exportholz ausgesehen hatte, gehörte zu einem seltenen, intakten Ökosystem und stand für die Menschen vor Ort auf heiligem Boden.

»Neulich war ich in einer Gegend, wo genau solche Bäume gefällt wurden«, sagte einer unserer Mitreisenden nachdenklich. »Auf einen Stamm waren in Rot japanische Schriftzeichen aufgesprüht.«

Aus Neugier hatte er einen der Holzfäller gefragt, ob sie wüssten, wo diese Bäume hingingen.

»Klar. Die sind unterwegs nach Japan!«, hatte der Mann ihm über das Kreischen der Säge hinweg zugerufen. »Die werden alle zu Essstäbchen.«

Nachdem wir Stunden lang durch die Nebelschwaden gefahren waren, an trommelnden Wasserfällen und turmhohen Klippen vorbei, saß ich an diesem magischen Ort auf dem majestätischen Stamm und erschauerte bei der Vorstellung, dass diese gesamte Landschaft in etwas so Unbedeutendes wie Einwegstäbchen hätte verwandelt werden können. Solche Bäume sind keine Wegwerfartikel. Die Natur recycelt alles, was sie erschafft, ob es Wurzeln hat oder nicht. Wir hingegen, als Gesellschaft, die sich über Jahrhunderte der Migration hinweg immer weiter von der Natur entfernt hat, haben die Fähigkeit verloren, den steten Kreislauf der Natur wahrzunehmen und zu sehen, wie unsere Produkte und Eingriffe über Jahrtausende etablierte Prozesse und Potenziale beeinflussen, stören und mitunter unwiderruflich zerstören. Durch unsere anhaltende, gedankenlose Ausbeutung der Natur berauben wir uns selbst der Chancen und der Motivation, Orte wie diesen zu erhalten.

Wie lässt sich dieser Teufelskreis durchbrechen? Sobald wir das Interesse, Raum und Zeit für eine tiefere Verbindung mit der Natur schaffen, anstatt nur stur zu verbrauchen, was sie erzeugt, stellen wir wieder eine Verbindung zu unserer Umwelt her und zu dem, was wir von ihr erhalten. Je mehr wir üben, desto enger wird unser Bezug zur Natur.

Im 18. Jahrhundert entwickelte der anglikanische Bischof und Philosoph George Berkeley die Theorie des »Immaterialismus«, in der es letztlich um seine Überzeugung geht, dass es in Wahrheit keine materiellen Dinge gibt, nur unsere Wahrnehmung dieser Dinge. Im Laufe der Zeit kondensierten seine Thesen zu einer einzigen, provokativen Frage, die heute noch bekannt ist: »Wenn im Wald ein Baum umfällt und niemand da ist, der es hört – macht er ein Geräusch?«

Ich würde gern eine noch tiefergreifendere, metaphysische Frage stellen: »Wenn im Wald ein Baum umfällt – ist er noch ein Baum?« Büßt ein Baum sein »Baumsein« ein, sobald er von seinen Wurzeln getrennt ist? Ist er noch ein Baum, wenn Käfer und Pilze sein Holz so weit zersetzt haben, dass nur noch seine Spuren in der Erde verbleiben? Um diese Frage gedanklich zu beantworten, sollten wir bedenken, dass aus einem Baum, den ein Blitz gespalten hat oder der auf Wurzelhöhe abgesägt wurde, mitunter neues Leben sprießt. In der Regel kann er dabei auf die Hilfe seiner Geschwister zählen und auf die dicht vernetzten Pilzfäden und Mikroben, die weiterhin Nährstoffe durch sein intaktes Wurzelsystem schleusen und so nicht nur sein Leben, sondern auch die Intaktheit des gesamten Ökosystems bewahren. Manchmal beginnt es mit einem bescheidenen Schössling oder einem einzelnen Ast, doch am Ende kann dort ein neuer Baum stehen.

Es gibt viele Baum- und Pflanzenarten, die aus einem einzigen Zweig oder gar einem Blatt neu austreiben können. Spontan denke ich zum Beispiel an Weiden *(Salix* sp.), wie sie am Haus meiner Großmutter stehen. Jahr für Jahr werden sie zurückgeschnitten oder ganz entfernt, doch wenn nur ein Zweig zurückbleibt, treiben sie hartnäckig wieder nach. Auch bei Zimmerpflanzen bilden manche Arten leichter Wurzeln als andere. Bei einigen Sukkulenten wie *Sedum,* x *Graptosedum* und *Graptopetalum* reicht bereits ein Blatt, das sauber am Stängelansatz abgeschnitten wird, um eine ganz neue Pflanze zu erzeugen. Und viele *Kalanchoe* und *Bryophyllum*-Arten gehen noch einen Schritt weiter, indem sie entlang der Blattränder eine Fülle von Klonpflänzchen bilden, die wie kleine pflanzliche Fallschirmjäger beim Absprung alles Überlebensnotwendige bei sich haben, falls sie auf dem passenden Substrat landen – und das kann praktisch alles sein, wie jeder, der diese Pflanzen bei sich zu Hause hat, schnell feststellt.

Aber mal angenommen unser gefällter Baum zersetzt sich, anstatt neues Leben zu treiben. Ist er jetzt tot? Kein Baum mehr? Wenn seine Samen beim Fällen intakt waren (wie etwa bei einer Eiche im Herbst), besäße jede dieser Eicheln alle Informationen für einen ganz neuen Baum. Aus nur einer Eichel würde ein neuer Baum heranwachsen, und mit der nötigen Zeit und den passenden Bedingungen könnten viele Eicheln einen ganzen Eichenwald bilden – alles aus nur einem »toten« Baum.

Womit sich die Frage stellt: Wann hört der Baum auf, ein Baum zu sein? Verliert er sein »Baumsein«, wenn wir die Säge ansetzen? Oder in dem Moment, wo sein edles Holz sich in Essstäbchen verwandelt, die man kurz zum Essen verwendet und dann achtlos wegwirft? Wer sind wir, dass wir entscheiden, wann ein Baum kein Baum mehr ist?

Um das Leben eines Lebewesens, das volle Ausmaß seiner Existenz, wirklich zu verstehen, müssen wir sein Leben nach dem »Tod« und unsere Rolle in diesem Prozess einbeziehen. Sobald wir unsere Produkte und Handlungen bis zu ihrem Ursprung in der Natur zurückverfolgen, erkennen wir, dass wir viel enger mit der Natur verwoben sind, als wir vielleicht glauben. Dann können wir sozusagen noch aus Tausenden Meilen Entfernung den Baum fallen hören. Wir beginnen zu begreifen, dass die Natur uns tagaus, tagein unablässig beschenkt. Und was geben wir ihr zurück?

Sehen Sie sich gründlich um. Die Holzbalken und Dielen, Tische und Stühle, die Bilderrahmen, Bücherregale, Schmuckkästchen und Türen, das alles waren einst Bäume mit Wurzeln, die sich tief in die Erde gegraben haben und ihre Zweige und Blätter wacker der Sonne zuwandten. Die Baumwollbettwäsche stammt vermutlich aus einem internationalen Netz an Unternehmen, die mit Pflanzen arbeiten – die weichen Samenkapseln wurden gepflückt, gekämmt, gesponnen, gewebt und bedruckt, irgendwo in Amerika,

China, Indien oder einem Dutzend anderer Staaten auf der Welt. Selbst unsere Polyester-Shirts stammen aus Ablagerungen uralter Algen, die tief unter der Erde schlummerten wie der Großteil der Brennstoffe, die unsere Fahrzeuge antreiben und im Winter die Häuser wärmen. Gummi für Isolierstoffe oder Reifen kommt von Bäumen aus China, Thailand, Indonesien oder Vietnam. Die Unterwäsche ist vielleicht aus Rayon, Pflanzenfasern aus den Wäldern Kanadas, Europas oder Asiens. All die Lotionen, Salben, Cremes und Öle, mit denen wir die Haut reinigen und pflegen, stammen in irgendeiner Form aus der einzigartigen Chemie einer Pflanze oder wurden daraus synthetisiert.

Doch das ist noch nicht alles. Der Kaffee, der uns morgens in Gang bringt, der Tee, bei dem wir abends zur Ruhe kommen, und der Wein oder das Bier, bei dem wir entspannen – Pflanzen. Die Öle, aus denen wir Süßwaren oder Seife erzeugen oder die wir beim Italiener mit Brot auftunken, wurden aus verschiedensten pflanzlichen Samen gewonnen, von Baumwollsamen über Palmfrüchte bis hin zu Oliven. Die Nahrung, von der wir leben, ob Äpfel oder Graupen, Wildreis oder Zucchini, und selbst die Nahrung, die wir nicht aus Hunger, sondern nur zum Genießen verzehren (ähem, Glukose-Fruktose-Sirup) beruhen letztlich auf Pflanzen. Selbst unbelehrbare Fleischesser vertilgen indirekt Pflanzen – Weidehaltung oder Mastfutter, Biorind oder Massentierhaltung? Du bist, was du isst, und alles, was du isst, hat selbst etwas gegessen.

Es geht dabei um mehr als um ein Gedankenspiel. Wir müssen lernen, das, was wir als »Ressourcen« betrachten, wieder als Teil der Natur selbst anzusehen. Das gilt auch für Kohle. Bodenschätze wie Kohle gelten landläufig nicht mehr als Pflanzen. Wir haben gelernt, solche Dinge in reduzierten, ökonomischen Begriffen als »fossile Brennstoffe« zu bezeichnen, die Autos antreiben und das Haus heizen. Aber Kohle besteht aus Pflanzen, die lediglich eine neue Gestalt angenommen haben und unter Druck im Laufe langer Zeit Moleküle gegen Mineralien getauscht haben. Kohle ist eine Lebensform, die individuell und als Mitglied einer größeren Gemeinschaft eine Geschichte zu erzählen hat.

Ist es nicht seltsam, wenn man darüber nachdenkt, wie gierig wir Millionen Jahre altes, einstiges Leben fördern und verbrennen, um die Uhr, den Computer oder die Videokonsole mit Energie zu versorgen? Vor allem wenn schon jede Pflanze auf der Welt herausgefunden hat, wie man die Kraft der Sonne nutzt, die sauberste, zuverlässigste Energieform dieser Welt? Mag sein, dass Pflanzen nicht von Spezialinteressen oder Politik getrieben sind, aber können wir nicht doch etwas von ihnen und ihrem Millionen Jahre alten Wissen lernen?

Mit einer etwas anderen Weltanschauung könnte man fossile Pflanzenreste auch als heilig einstufen. Ein 350 Millionen Jahre altes Stück Anthrazitkohle aus den kohlenstoffreichen Überbleibseln längst vergangener Pflanzen und Tiere wäre dann eher ein Stück fürs Museum. Und Fracking würde man bei einer anderen Denkweise für zu invasiv halten, zu zerstörerisch, einfach undenkbar.

In ihrer natürlichen Umgebung sorgen die Pflanzen für uns, ohne auf uns angewiesen zu sein. Das tun sie so geschickt, so unauffällig und so großmütig, dass ihre unablässige Arbeit praktisch unsichtbar bleibt. Genau deshalb halten wir sie leicht für selbstverständlich. Sobald man jedoch anfängt, Pflanzen nicht nur nach ihrer Schönheit oder ihrem Nutzen zu beurteilen, sondern ihre Welt betritt und versucht, die uralte Weisheit der Natur zu begreifen, die sie verkörpern, entwickelt sich über diese Faszination plötzlich eine völlig neue Sichtweise, bei der es nicht mehr nur darum geht, was Pflanzen für uns tun können, sondern darum, was sie uns lehren können.

 »Ich unterrichte an einer Highschool und habe meinen Kurs zu Landwirtschaft und Gartenbau selbst konzipiert. Bei meinen Schülern und bei mir konnte ich ein drastisches Umdenken beobachten. Ich vermittele anderen gern, wie unverzichtbar und wichtig Pflanzen und die Natur für den Menschen sind.«
– John Sotiriadis

 »Wenn ich tote Blätter von meinen Pflanzen zupfe, erinnert mich das daran, dass jedes Leben einmal endet. Der Tod ist eine universelle Tatsache. Und auch wenn eine Hibiskusblüte nach einem Tag verblüht ist, hat sie ihren Zweck erfüllt. Dass ich akzeptieren kann, eine Pflanze zu verlieren, hat mir dabei geholfen, den Tod meiner besten Freundin zu akzeptieren. Es macht den Lebenszyklus begreifbar.«
– Sarah Solange

»Ich liebe all die Vögel und sonstigen Tiere, die meine Gartenpflanzen anlocken. Das vermittelt mir ein gutes Gefühl, denn mein Garten verbessert einen Ort auf eine Weise, die nicht nur mir gefällt, sondern auch anderen Lebewesen.«

– Pia

AUS PFLANZENPERSPEKTIVE: ES GEHT NICHT UM PERFEKTION

Es klingt vielleicht kontraintuitiv, doch Pflanzen haben in vielerlei Hinsicht ein komplexeres Leben als wir Menschen. Über das pflanzliche »Leben nach dem Tod« habe ich mit Allan Schwarz gesprochen, dem Gründer des Waldzentrums Mezimbite in Mosambik. Allan sagte mir: »Als Menschen werden wir [nach unserem Tod] einfach verbrannt oder begraben, um in der Erde zu verwesen. Manche von uns haben Kinder, die unsere Gene auch über unsere 70 Lebensjahre hinaus weitergeben können. Aber Bäume...« Er legte eine Pause ein, wie um sich all die Bäume vorzustellen, die er im Laufe der Jahre gepflanzt, gerettet und auch gefällt hat. »Manche zersetzen sich und ernähren anderes Leben, das weiterlebt, manche erzeugen massenhaft Samen, die weiterexistieren, wieder andere hinterlassen ihr langlebiges Holz.«

Ich besuchte Allans Projekt für nachhaltige Entwicklung außerhalb der Großstadt Beira in Mosambik. Der Architekt und Handwerker wurde zum Waldschützer, als er sah, wie die Bäume aus den Wäldern, die er aus seiner Kindheit in

Südafrika kannte, rigoros abgeholzt und nach Übersee verschifft wurden. »Es gibt keinen Grund, warum ein so reiches Land wie Mosambik« – womit er den Reichtum an natürlichen Ressourcen meinte – »derart arm sein muss.« Seiner Meinung nach war Armut der wahre Grund für die Waldvernichtung, und dagegen wollte er mit den Methoden angehen, die er am besten kannte, nämlich durch Holzverarbeitung.

Kurz nach dem dortigen Bürgerkrieg schloss er in der Provinz Sofala einen Pachtvertrag über 99 Jahre ab und richtete ein Zentrum für Waldschutz und Holzverarbeitung ein. Ihm ging es darum, Handwerker auszubilden, die Holz nicht nur schätzten und gut verarbeiten konnten, sondern auch Interesse daran hatten, die Wälder zu erhalten und so das Land und die geschundenen Herzen zu heilen.

»In jedem Produkt aus Wald oder Feld, ob dem Öl aus einer Kokosnuss, einem Sesamsamen oder dem Brett aus einem Baum, schwingt das Echo des Ortes mit, von dem es stammt«, sagte Allan, »besonders, wenn man die Natur seines Wesens respektiert und das Land weiterhin treu verwaltet.«

Allans Produkte entsprechen seiner Philosophie. Die Lebensmittel, die weitgehend vor Ort verkauft werden, werden überaus nachhaltig gewonnen. Sogar die Öle werden möglichst schonend gepresst, um ihre Enzyme zu erhalten, damit die Menschen, die sie verwenden, voll von den gesundheitlichen Vorzügen der Erzeugerpflanzen profitieren. Auch seine handverarbeiteten Holzprodukte werden mit großer Sorgfalt so entworfen, dass sie die Natur des Baumes, von dem sie stammen, und das Leben, das er geführt hat, optimal widerspiegeln. Holz mit Unregelmäßigkeiten wie einem Riss oder einem Loch wird nicht etwa aussortiert, sondern lieber mit einer passenden Technik wie einem Schmetterlingsmuster oder einem kleineren, exakt eingepassten Stück Holz geschlossen. Farbe, Glanz, Härte, Gewicht, Wachstumsmuster und Körnung des Holzes (die so individuell ist wie ein Fingerabdruck) verraten die Natur des Baumes und erzählen viel über sein Leben.

Wie viel wir dem Wachstumsmuster eines Baumes entnehmen können, möchte ich an einem Beispiel erläutern. Einmal begleitete ich einen thailändischen Botaniker auf einer Wanderung an einer der höchsten Klippen seines Landes, wo er seltene Pflanzenarten dokumentierte. Mir fiel auf, wie knorrig und verdreht die Bäume aussahen – wie knotige, arthritische Finger, die aus der aufgesprungenen Erde ragten. Bäume mit spiralförmigem Wachstum sind oft ein Hinweis darauf, dass sie auf hohen Erhebungen oder an windigen Abhängen stehen oder standen. Vermutlich hilft dieses Wachstum dem Baum, besser mit starkem Wind oder auch Schnee fertigzuwerden. Bäume ohne definierte Wachstumsringe wie die aus Mosambik stammen aus den Tropen, wo es keine klar abgegrenzten Jahreszeiten gibt, wohingegen typische Wachstumsringe wie bei den Eichen und Ahornbäumen meiner Heimat Pennsylvania auf ein jahreszeitlich geprägtes Klima hindeuten. Die Wachstumsringe verraten aber auch etwas über die Vergangenheit des Baumes. Breite, gleichmäßige Ringe sind ein Hinweis auf gute Wetterbedingungen in der Vergangenheit, schmalere Ringe deuten auf härtere Zeiten hin, zum Beispiel Dürreperioden oder auch Schädlingsbefall. Eine dunkle Verfärbung kann auf einen Blitzschlag oder ein Feuer zurückgehen. Solche Informationen sind im Holz des Baumes gespeichert wie in einem Geschichtsbuch. Wenn man bei der Bearbeitung dieses Holzes das Wesen des Baums im Hinterkopf behält, geht seine Geschichte nicht verloren, sondern lässt sich in das fertige Stück integrieren – und am Ende in das Leben derer, die sich dieses Stück ins Haus holen. Das erweitert den Bezug zu Pflanzen um eine schwer zu bewertende Dimension, die wir aber erkennen, wenn wir sie spüren. So wie uns beim Essen an demselben vernarbten Eichentisch, der einst bei den Großeltern in der Küche stand, ein liebevolles, warmherziges Familienleben in den Sinn kommt, vielleicht sogar ihre Gesichter, so weckt auch der Anblick des abgenutzten Eichenholzes mit seiner ungleichmäßigen Maserung Assoziationen zu diesem wackeren Baum, der einst mit seinen Geschwistern den Stürmen und den Holzkäfern trotzte und nun treu und still unser Leben inmitten einer wuseligen Stadt bereichert.

In Japan gibt es das ästhetische Konzept des *Wabi-Sabi,* die Allans Denkweise (die er gern als »Afrikanisches Zen« bezeichnet) entspricht. Dabei geht es darum, bewusst zu akzeptieren, dass Schönheit durchaus unvollkommen, nicht dauerhaft und nicht perfekt sein kann. In diesem Sinne gibt es keine idealtypische Perfektion. Ein *Wabi-Sabi*-Meister beurteilt ein Stück Holz nicht nach dem Grad seiner Perfektion (ob das jeweilige Brett fein gemasert und ohne Astlöcher ist), sondern findet in jedem Brett das Schöne und akzeptiert dabei, dass es vielleicht verzogen, astig oder von

Löchern übersät ist. Diese Unvollkommenheiten sollte der Handwerker dann bei seiner Arbeit berücksichtigen und dabei nicht nur besser und erfahrener werden – als wahrer Lehrling der Natur –, sondern auch die Natur und Integrität des Holzes bewahren. Die Handwerkskunst ist harmonisch auf das Holz abgestimmt, hebt dessen feine Schwingungen hervor und bemüht sich, möglichst die wahre Geschichte zu vermitteln.

Eine solche Einstellung klingt vielleicht ein wenig esoterisch und eher theoretisch, entspricht aber der Beziehung zu jeder Pflanze, die man ein, zwei Jahre gegossen hat.

 »Meine Pflanzen haben mich gelehrt, dass kein Leben perfekt ist. Wie meine Pflanzen kann auch ich krank werden, ein Blatt verlieren oder etwas schief wachsen. Deshalb bleibe ich trotzdem ein vollwertiger Mensch. Wenn ich einen schlechten Tag habe, vermitteln mir meine Pflanzen, dass das okay ist. Weil ein totes Blatt nicht die Pflanze definiert. Und das gilt für mich ganz genauso.«
– Amy von Fisher

 »Ich habe mich damit arrangiert, dass die Pflanzen, die ich im Geschäft kaufe, auf die Dauer nicht so bleiben wie beim Kauf. Manche wachsen struppig, entwickeln zu lange Stängel oder kahle Stellen. Man kann ihnen Rankhilfen geben oder sie zurechtstutzen, aber insgesamt verändern sie sich – so wie wir alle.«
– Jocelyn C.

»Die Freundin meiner Mutter schenkte mir zum Studienabschluss einen Bonsai, den ich wirklich schön fand. Er war in keinerlei Hinsicht ›perfekt‹, aber seine Struktur und die Art, wie seine Äste sich nach der einen Seite bogen, machten ihn umso interessanter. Als ich die erste eigene Wohnung bezog, stellte ich ihn auf die Fensterbank und überlegte beim Betrachten oft, wie und warum diese Pflanze wohl so gewachsen war.«
– Sully

»Seit einem Autounfall vor ein paar Jahren habe ich chronische Schmerzen und bin viel zu Hause. Bald danach begann ich, Zimmerpflanzen zu sammeln, um mich auf etwas Positives zu konzentrieren. Damals wusste ich nicht viel über Pflanzen, also stürzte ich mich einfach ins Ungewisse und lernte dabei. Einige Pflanzen, die weitab vom Fenster standen, reckten und bogen sich regelrecht dem Licht zu. Eine andere kletterte den Schrank entlang und entwickelte sich zu einem wahren Monster. Die Pflanzen in meinem Haus demonstrieren mir unablässig, wie man sich mit der jeweiligen Situation optimal arrangiert, und das ermutigt mich, auch mehr Eigeninitiative zu zeigen. Ich habe immer noch ständig Schmerzen, aber inzwischen mache ich nicht nur Krankengymnastik, sondern auch Yoga und kurze Spaziergänge, und das hilft mir ein Stück weit.«
– Libby

AUS PFLANZENPERSPEKTIVE: KEINE DINGE, SONDERN LEBEWESEN

Vielleicht ist unsere Vorstellung von Pflanzen dadurch eingeschränkt, wie wir gelernt (beziehungsweise nicht gelernt) haben, über sie zu reden. Im Zen-Buddhismus gilt die Sprache an sich als eines der größten Hindernisse für wahres Verstehen: Der Begriff *furyu monji* bedeutet »ohne sich auf Worte oder Buchstaben zu stützen«, weil das gesprochene Wort die volle Erfahrung der Realität niemals vermitteln kann.

Ich hatte nie viel darüber nachgedacht, wie die Sprache unsere Erfahrung mit der Natur und ihren Bezug zu ihr sowie unsere Gefühle und unsere Wahrnehmung formen kann, bis mein Freund Randy Hayes, der Gründer des Rainforest Action Network mir *padapa* erklärte, das Sanskrit-Wort für »Baum«, das wörtlich übersetzt »Trinken am Fuß« oder »Fußtrinken« bedeutet.

Was kommt dir in den Sinn, wenn du an »Fußtrinken« denkst? Vielleicht stellst du dir das lebendige Wurzelwerk vor, das mit dem Land verbunden ist und Feuchtigkeit aufsaugt, die durch den ganzen Baum bis in die Zweige und Blätter wandert.

Diese Vorstellung erklärte Randy noch genauer. »Ein Baum existiert nicht isoliert – oder erst, nachdem man ihn gefällt und zu ›Nutzholz‹ erklärt hat. Solange er lebt, läuft ein lebensspendender Austausch von Nährstoffen und Wasser ab [durch die Wurzeln in die Blätter]. Er trinkt aus der

Erde und *evapotranspiriert* [das Wasser] über die Blätter, bis irgendwann wieder Wolken entstehen, aus denen Regen fällt, der in die Erde rinnt und [über den Baum] wieder aufsteigt.«

Daraus resultiert die Frage: Würden wir ein Lebewesen, das am Fuß trinkt, so bereitwillig fällen, wenn wir ein Wort hätten, das den Baum auf diese Weise beschreibt?

Es lohnt sich, über diese schöne Metapher gründlicher nachzudenken. Larry McCrea, der an der Cornell University Sanskrit lehrt, erläuterte mir, dass man im Sanskrit problemlos neue Wörter bilden kann, sofern man die Grundbausteine der Sprache benutzt. Jeder kann also einfach neue Wörter erfinden, um ein Gefühl, ein Objekt oder die Welt zu beschreiben.

Diese fließende, poetische, »prozessorientierte« Eigenschaft der Sprache beschränkt sich keineswegs auf das Sanskrit. Einige Sprachen der amerikanischen First Nations wie die Algonkin-Sprachen der Ojibwa und Potawatomi sind ähnlich geschmeidig oder »polysynthetisch«. Autumn Mitchell, eine Ojibwa, erklärte mir, dass »polysynthetische Sprachen« einzelne Wörter zu langen Wörtern zusammenfügen können. »Auf Englisch setzen wir Sätze aus Worten zusammen«, sagte sie, »aber in polysynthetischen Sprachen wie dem Ojibwemowin geschieht dies auf Wortebene.« Das heißt, ein einziges langes Wort kann in seiner Bedeutung einen ganzen Satz ausdrücken. In dem erweiterten Wort »Apfelkuchen« kann in dieser Sprache enthalten sein, wo und wie der Apfel gewachsen ist, und sogar, wer ihn gepflückt hat (ganz ähnlich wie im Deutschen, wo ein

»Streuobstwiesen-Goldrenettekuchen« einen Hinweis auf den Standort – Streuobstwiese, Lehmboden –, die Apfelsorte und damit sogar die Erntezeit – November – liefern würde).

Auch das Verhältnis von Verben, die Abläufe beschreiben, zu Substantiven, die Produkte oder Dinge benennen, ist je nach Sprache unterschiedlich. In ihrem Buch *Braiding Sweetgrass* erklärt die Botanikerin Robin Wall Kimmerer aus dem Volk der Potawatomi, dass die Sprache der Potawatomi zu 70 Prozent aus Verben besteht, wohingegen das Englische nur 30 Prozent Verben enthält und sich vornehmlich auf Substantive konzentriert. Das entspricht aus ihrer weisen Sicht einer Kultur, die stark auf »Dinge« fixiert ist.

Im Ojibwa-Dialekt ist dies laut Autumn Mitchell ähnlich: »Ein Substantiv wird gebildet, indem man einem Verb eine von zwei Endungen anhängt. Endungen für Menschen oder Lebewesen – zu denen auch die Pflanzen gehören – bekommen belebte Endungen. Andere Dinge wie eine Schüssel wären unbelebt. Man hat also keine geschlechtstypischen Unterschiede wie etwa im Spanischen, sondern man unterscheidet danach, ob etwas lebendig ist oder nicht. Wir [Ojibwa] identifizieren dabei viele Objekte als belebt, die in der englischen Sprache als unbelebt eingestuft werden würden.«

Doch nicht alle Kulturen betrachten Objekte als unbelebt. In der japanischen Shinto-Tradition können bestimmte unbelebte Dinge wie zum Beispiel eine Holzschale (besonders wenn sie von einem angesehenen Handwerker stammt) *kami* enthalten, was einem Naturgeist gleichzusetzen wäre. Deshalb dekorieren Japaner klassischerweise bestimmte Bereiche mit einem heiligen Tau *(Shimenawa)* oder richten zu Hause einen *Kamidana* ein, einen kleinen Altar für den *Kami*. Bestimmte Bäume, die *Yorishiro*, sollten die Hausgeister anziehen und ihnen eine Heimat bieten. Sie werden oft mit einem Seil versehen, und es würde Unglück bringen, sie zu fällen.

Solche Erkenntnisse, wie andere Menschen denken und sich ausdrücken, vermittelten mir eine neue Sicht darauf, wie bereits die Sprache, die wir auf den Knien unserer Eltern lernen, unseren Bezug zur Erde und den Pflanzen prägen kann. Während der vielen Jahre, die ich in die Natur eingetaucht bin, habe ich hin und wieder die Augen geschlossen und versucht, mir vorzustellen, wie es wohl wäre, ein Baum zu sein. Doch jetzt, nach diesen Gesprächen, fragte ich mich, wie es wohl wäre, dabei auch noch den Begriff zu tauschen: Wie mag es sein, ein »Fußtrinker« zu sein?

Nun, dachte ich, damit wäre ich wohl ein Kind der kühlen Erde und zugleich mit ihr vermählt, und ich würde lautlos und unsichtbar mit meinen Nachbarn kommunizieren. Meine Wurzeln würden nicht nur mit anderen Wurzeln meiner Art »reden«, sondern könnten auch die Botschaften anderer Organismen wie Bakterien und Pilzen erkennen und weiterleiten. Meine Blätter und die Rinde wären vielleicht in der Lage, dasselbe mit Insekten zu tun, sie entweder anzulocken oder abzuwehren. Ich würde mit dem Himmel kommunizieren, an den ich Sauerstoff und Wasserdampf abgeben würde, damit ich (und der Rest der mich umgebenden Fußtrinker) über den Himmel durch Wolkenbildung und Niederschläge ständig Feuchtigkeit beziehen könnte, um mein langes Dasein zu erhalten. So könnte ich heranreifen und einige Samen über dem Waldboden verstreuen, die vielleicht keimen würden, bis ich still und langsam Rinde und Zweige verlieren würde und mein Körper irgendwann in die Erde, zu meinen Ursprüngen, zurückkehren würde, aber dieses Mal als *adamah* und *hava* (auf Hebräisch »lebendige Erde«), ein Geschenk nicht nur an die Menschheit, sondern an alles, was lebt.[*]

MACH JETZT EINE KLEINE PAUSE UND SIEH DICH UM.
WIE VIELE PFLANZEN UMGEBEN DICH GERADE?
HAT SICH IHRE ANZAHL SEIT DEINER ERSTEN
ZÄHLUNG ERHÖHT?

WACHSTUMSÜBUNG: ASSOZIIEREN

1. **Suche dir etwas aus pflanzlichem Ursprung bei dir zu Hause.** Das kann ein Beistelltisch sein, dein Lieblingsshirt oder der Tee von deiner Tante. Vielleicht weißt du nicht, woher dieser Gegenstand stammt. Nimm dir dennoch einen Augenblick Zeit und denke darüber nach, wie die Pflanze gelebt haben mag, ehe sie ihre heutige Form angenommen hat. Eventuell verraten die Herstellerinformationen, welches Holz für den Tisch verwendet wurde, aus was für

---

[*] Die Geschichte von Adam und Eva beruht auf den hebräischen Wörtern *adamah* für »roten Ton« oder »Erde« und *hava* für »lebend«. Insgesamt entspringen beide der »lebendigen Erde«.

Pflanzenfasern das Shirt besteht oder aus welcher Sorte dein Tee besteht. Dann kannst du nachschlagen, wo und unter welchen Bedingungen diese Pflanzen wachsen. Vielleicht erfährst du auch etwas über überlieferte Handwerkskunst, über die langen Wege von Stoffen und Kleidung um den Globus oder über die Kunst der Teeerzeugung. Solche Geschichten über die Dinge, die wir verwenden, helfen uns, uns über die globale Vernetzung klar zu werden. Es erinnert uns an unsere tiefe Verbundenheit mit der Natur und ermuntert uns, achtsamer wahrzunehmen, wie wir leben und womit wir uns umgeben.

5

DER MENSCH UND SEINE ZIMMERPFLANZEN

Sollte ich keine Einsicht in die Erde haben?
Bin nicht auch ich in Teilen wie Blatt und Gemüse?

– Henry David Thoreau

. . . .

*»Pflanzen sind Leben. Ich liebe es, dass ich sie pflegen und
der Erde etwas zurückgeben kann… Seit ich sie wachsen sehe
und sie versorge, nehme ich mit ihnen Kontakt auf. Ein Leben
ohne sie wäre für mich unvorstellbar.«*

– Cheyenne

nzwischen bist du hoffentlich davon überzeugt, dass dein eigenes grünes Reich – wo auch immer du lebst – dein Leben enorm bereichern kann, von mehr psychischer Stabilität bis hin zu mehr Bewusstsein und Mitgefühl. Aber wo fängt man an?

Wie bei allem Neuen lohnt es sich, klein anzufangen. Die meisten Menschen sehen das anders, aber bereits mit der aktiven Fürsorge für eine einzige Pflanze beginnt der Lernprozess, über den du irgendwann ein echter Gärtner wirst. In seinem Buch *Atomic Habits* (*Die 1%-Methode*) beschreibt James Clear, wie unsere Gewohnheiten die Identität prägen. Oftmals sind wir allein auf das Ergebnis fixiert, zum Beispiel ein Zuhause voller Pflanzen. Aber das ist der falsche Ansatz, sagt er, denn: »Viele Menschen stellen ihre Gewohnheiten um, indem sie sich darauf konzentrieren, *was* sie erreichen wollen. Das führt zu ergebnisbasierten Gewohnheiten. Mit meinem Ansatz konzentrieren wir uns zunächst ganz darauf, *wer* wir werden wollen.«

Ähnlich wie Clear sage auch ich immer wieder, dass es zwar unglaublich aufregend sein kann, endlich auf der Spitze des Berges zu stehen. Worauf es jedoch ankommt, ist der Weg dorthin. Auf diesem Weg lernst du, die Herausforderungen zu meistern, und trainierst deine Resilienz. Natürlich kannst du dich mit dem Hubschrauber hinauffliegen lassen und dabei den Ausblick genießen. Allerdings verzichtest du dann auf alle Erfahrungen, die du während des Anstiegs gemacht hättest. Sobald du dich auf den Weg begibst, entwickelst du Fähigkeiten, die sich auf den Alltag übertragen lassen und so Teil eines gesunden Tagesablaufs werden. Gute Gewohnheiten (und damit eine Identität als Gärtnerin) entwickelt man am besten, indem man genau eine Pflanze versorgt, sie beobachtet und nährt. Das ist die Ausgangsbasis. Achte also zunächst nicht auf ästhetische Gesichtspunkte. Es gibt keinen Grund, die ganze Wohnung mit Pflanzen vollzustellen, einen Instagram-Account einzurichten oder herumzujammern, dass deine Wohnung noch nicht so aussieht, wie die grünsten Pinterest-Pinnwände. Du begibst dich auf eine Reise, an deren Ende vielleicht die lang ersehnte Blüte deiner pflegeintensivsten Pflanze steht.

»*Eine* Pflanze soll mich zum Gärtner machen?«, fragst du jetzt vielleicht. Wie schon gesagt: Kein Blatt kann je die ganze Schönheit des Herbstes ersetzen. Eine Zimmerpflanze wird niemals die grandiose Schönheit eines intakten Ökosystems ersetzen. Und die Leserinnen und Leser, die schon mit ihren Setzlingen an der Fensterbank saßen, mit bloßen Händen Hochbeete angelegt oder eigenhändig kompostierte Dunghaufen auf Gemüsebeete geschaufelt haben und später nach endlosen Gefechten mit den Schnecken über den verlorenen Salat geweint haben, verdrehen jetzt womöglich die Augen. Tatsächlich jedoch gilt, dass wir umso weniger Kontakt mit der Natur haben, je weniger Zeit wir in ihr verbringen. Der einfachste Weg, dieses Zwiegespräch wiederherzustellen – oder die Verbindung aufrechtzuerhalten –, dürfte etwas so Schlichtes wie eine Zimmerpflanze sein. Bei vielen, die mir folgen, war es jedenfalls so:

 »Ich bin bei einem Vater aufgewachsen, der mir die Natur nahegebracht hat. Dort kam ich zur Ruhe. Wenn ich mich jetzt zu Hause mit Pflanzen umgebe, habe ich wieder dieses Gefühl, barfuß im Wald zu stehen, und so kann ich etwas nähren, das mir anders nicht möglich wäre.«
– Aurelia L.

 »Pflanzen sind etwas, das mich mein Leben lang umgeben hat, denn meine Eltern waren beide begeisterte Gärtner, und ich bin auf einer Farm aufgewachsen. Als ich in die Stadt zog, fühlte ich mich anfangs ein wenig verloren. Fünf Jahre lang hatte ich mit Depressionen und Ängsten zu kämpfen. Ich hatte auch keine Hobbys, einfach nichts. Erst letztes Jahr entdeckte ich, wie befriedigend es sein kann, sich um eine Pflanze zu kümmern… Ich studiere Naturheilkunde, und für mich ist die Verbindung zur Natur für die psychische und physische Gesundheit von elementarer Bedeutung. Mir wird zunehmend bewusst,

dass es das ist, was mir und den meisten Menschen im Leben fehlt!«
– Sophie

 »Nach meiner Scheidung hatte ich ein Burn-out, musste mich aber um vier Kinder kümmern. Irgendwann begann ich barfuß durch die Wälder zu laufen, denn es tat mir gut, in der Natur unterwegs zu sein. Bei einer dieser Aktionen kam es allerdings zu einer Wirbelsäulenverletzung, und danach konnte ich nur noch wenige Minuten stehen oder gehen. Laufen oder gar Waldläufe sind mir nicht mehr möglich. Daraufhin verlegte ich mich auf Zimmerpflanzen. Wenn ich schon nicht in den Dschungel konnte, wollte ich wenigstens den Dschungel zu mir holen. Inzwischen versorge ich etwa 50 Pflanzen, und das macht mich so glücklich. Ich fühle mich wieder lebendig!«
– Tamara

Solche Nachrichten aus meiner Community belegen die tröstliche Wahrheit, dass die Beziehung zwischen einer Gärtnerin und ihren Pflanzen nie einseitig bleibt. Ja, wir müssen Sorgfalt und Überlegung walten lassen, wenn wir uns Pflanzen nach Hause holen, aber auf stille, intuitive Art erwidern diese Pflanzen unsere Liebe. Deshalb steckt im Wesen des Gärtnerdaseins stets auch ein Punkt, an dem wir unseren Frieden finden.

Eine »Zimmerpflanze« ist schon dem Namen nach ein zutiefst menschliches Konstrukt, das erst erfunden wurde, als wir uns mit vier Wänden umgaben. Doch während die Idee, Pflanzen im Haus zu haben, noch etwas relativ Neues ist, ist die Pflege ungewöhnlicher oder interessanter Pflanzen schon seit langem Teil unseres Lebens. Immerhin bauen wir schon seit Jahrtausenden Pflanzen an und mussten dabei immer wieder ähnliche Punkte beachten. Vielleicht können wir also beim Rückblick auf unsere geschichtliche Beziehung zu den Pflanzen etwas von unseren Vorfahren lernen.

EIN GERETTETES STÜCKCHEN EDEN

Die ersten Gärten waren weitestgehend Frauensache. Schon vor 12 000 Jahren waren es die Frauen, die im Wald Pflanzen sammelten und diese hüteten. Intuitiv fanden sie heraus, welche Pflanzen sich für ihre Bedürfnisse eigneten, darunter essbare Pflanzen, Heilpflanzen und solche für Zeremonien. In vielen Gesellschaften waren auch die Männer nicht weit. Vermutlich halfen sie dabei, das Land zu roden, und kümmerten sich um bestimmte Feldfrüchte. In einigen Amazonaskulturen war es beispielsweise lange üblich, dass die Männer sich um Koka kümmerten *(Erythroxylum* sp.), wohingegen die Frauen für Maniok *(Manihot esculenta)* zuständig waren, zwei der jeweils wichtigsten »Männerpflanzen« und »Frauenpflanzen«.

In gewissen Kulturen wurden Gärten noch beliebter, als die Menschen sesshaft wurden. Die ersten Gärten entstanden aus der Not heraus, hatten aber häufig auch eine tief spirituelle Komponente. Von der Herkunft der Samen bis hin zur Richtung der Aussaat war alles mit viel Bedeutung und Metaphorik versehen. Häufig war ein Garten Abbild der Kosmologie und der Ursprünge einer Kultur und sollte bei einem Volk Zielstrebigkeit, Identität und Dankbarkeit fördern. Bei den schon erwähnten Beispielen Koka und Maniok wurden die Pflanzen für gewöhnlich in einem Muster nach dem Vorbild der Fleisch-Knochen-Struktur angebaut, wobei das Kokafeld einem menschlichen Skelett ähnelte, während der Maniok es in einem Kreis umgab.

Besonders ausgeklügelte Gärten entstanden in Asien. Chinesische Gärten waren symbolträchtige Anlagen, die von den Königsfamilien in Auftrag gegeben und genutzt wurden. Sie sind seit rund 3600 Jahren dokumentiert und haben später die japanische Gartenkunst inspiriert. Die ersten Hauspflanzen hingegen existierten Felsgravuren zufolge schon vor über 3500 Jahren bei den alten Ägyptern, Assyrern und Sumerern. Die Existenz der Hängenden Gärten der Semiramis, ein geradezu mystisch verklärter Garten, der zu den Sieben Weltwundern der Antike gehört haben soll, gilt unter Archäologen mangels Nachweisen zwar als umstritten, doch die Assyrologin Stephanie Dalley von der Universität Oxford konnte inzwischen eindrucksvolle archäologische und historische Hinweise präsentieren, dass es diese Gärten einst tatsächlich gegeben hat. Dalley geht davon aus, dass sie 547 Kilometer nördlich von Babylon in Ninive lagen und unter dem assyrischen König Sennacherib (er regierte 705 bis 681 vor Christus) erbaut wurden. In diesem Bereich in der Nähe der zuletzt hart umkämpften Stadt Mossul wurde leider viel zerstört, doch die Skizzen zu diesem Garten, von denen eine im Britischen Museum gehütet wird, würden jeden Pflanzenfreund begeistern. Es dürfte eine Art Stadion mit einer Kuppel gewesen sein, von der Pflanzen herabhingen und wo es Obstgärten und prachtvolle, große Bäume gab, ein eindrucksvoller, architektonischer Übergang zwischen drinnen und draußen, den wir heute allenfalls annähernd in der innovativen, pflanzenbetonten Architektur von Singapur erahnen können. Es ist also keineswegs übertrieben, wenn wir sagen, dass die ersten Hauspflanzen fast zu schön waren, um wahr zu sein.

Bei den Griechen und Römern erfreuten sich Pflanzen ähnlicher Wertschätzung. Wahrscheinlich wurden sie auch zu Ehren der Götter in Töpfe und Pflanzgefäße gesetzt. Das erste »Treibhaus«, ein *Specularium,* wurde nachweislich unter der Herrschaft des römischen Kaisers Tiberius entwickelt, der von 42 vor Christus bis 37 nach Christus lebte. Damals gab es noch keine Glasscheiben. Deshalb hatte das Gewächshaus kleine, durchscheinende Scheiben aus dem Mineral Glimmer und wurde über Dung und seitlich entzündete Feuer warm gehalten. So konnte Tiberius das ganze Jahr hindurch Früchte genießen.[24] Dazu ist überliefert, dass der römische Philosoph Seneca dieses Verhalten verurteilte, weil er es für widernatürlich hielt, Pflanzen zum Blühen und Früchtetragen zu zwingen. Nach dem Zerfall des Römischen Reiches wurde die Tradition, sowohl drinnen als auch draußen zu pflanzen, vermutlich von Mönchen mit ihren Klostergärten weitergeführt, die insbesondere Heilpflanzen zu schätzen wussten.

Im 16. und 17. Jahrhundert setzten sich in ganz Europa »Pflanzenjäger« in Bewegung, um den Begehrlichkeiten der

Königinnen und Könige nachzukommen, die ihre Gärten in ähnlicher Weise schmücken wollten wie 2400 Jahre zuvor Sennacherib. Zu dieser Zeit entstanden auch die ersten Gewächshäuser. Jacob Bobart der Jüngere (1641 bis 1719) baute im Jahre 1670 im Botanischen Garten der Universität Oxford das erste Treibhaus aus Holz, das mit Körben mit glühender Holzkohle beheizt wurde.[25] Spätere Treibhäuser hatten eigene Öfen, und die Pflanzen, die unter solchen Bedingungen heranwuchsen, galten als »Ofenpflanzen«. Gleichzeitig erschienen erste Texte zu Heilpflanzen aus der Neuen Welt und über die reiche Flora »unentdeckter« Gegenden. Die Entdeckung neuer Pflanzenarten wurde durch umfassende Herbarien dokumentiert.

Weil ich wissen wollte, wie unsere Beziehung zu Pflanzen im Laufe der Zeit aufgezeichnet und diskutiert wurde, stieg ich in einen Überlandbus zu meiner ehemaligen Uni, der Cornell University. Damals hatte ich das Liberty Hyde Bailey Hortorium nie betreten – ich hatte ja keine Ahnung, was für ein Juwel es ist! Bei diesem Besuch lernte ich den Botaniker Dr. William Crepet kennen, die Botanikerin und Mitkuratorin des Hortorium Dr. Anna Stalter sowie Peter Fraissinet, Sammlungsassistent und Bibliothekar.

Benannt ist das Bailey Hortorium nach dem unerschrockenen Botaniker, Systematiker und Gartenbauexperten Liberty Hyde Bailey. Und die hier gehüteten botanischen Bücher und Journale stammen vielfach noch aus Baileys eigener Bibliothek. Seit ihrer Gründung ist die Sammlung auf rund 30 000 Bände, 200 Zeitschriftentitel und 900 000 botanische Exemplare in einem Herbarium angewachsen.

Im Herbarium folgte ich Anna, deren grau meliertes Haar perfekt zum grau-weißen floralen Muster ihrer Bluse passte. Wir marschierten durch gefliese Gänge gesäumt von grauen Stahlschränken für die Pflanzen, die sich durch den ganzen Raum zogen, begleitet vom gemütlichen Schlurfen ihrer bequemen Sandalen und meiner Sneaker, wann immer wir stehen blieben und die Beschriftungen auf den Schränken lasen.

Anna öffnete die Schränke mit den großen schwarzen Griffen und holte immer wieder behutsam Seiten mit botanischen Arten hervor. Die wissenschaftlichen Bezeichnungen der dort gesammelten Pflanzen, die meist gepresst wurden, um die morphologischen Hauptmerkmale erkennen zu können, geben an, wo und von wem die Pflanze gesammelt wurde. Wenn der Sammler oder die Sammlerin gründlich und ohne Eile vorgegangen war, gab es noch weitere Detailinformationen, zum Beispiel, wie die Pflanze wuchs, wo sie wuchs und andere Hinweise auf das Exemplar und seine Umgebung. Anna zeigte mir zarte Farne aus Upstate New York, plattgedrückte Kakteen (samt Stacheln und allem) aus Ecuador, von Schulkindern gepresste Blüten aus einer Zeit, als Botanik in den Schulen offenbar als wichtiges Thema galt, und sogar kostbare gepresste Pflanzen von Captain Cooks Reisen im 18. Jahrhundert. Beim Betrachten all dieser Exemplare wurde mir lebhaft bewusst, wie glücklich diese Sammler über ihre Entdeckungen gewesen sein mussten, aber auch welche Mühen so mancher auf sich genommen hatte, um die wundersame Welt der Pflanzen zu entdecken, zu dokumentieren, zu begreifen und mit dem Rest der Welt zu teilen (ein Gefühl, das ich zugegebenermaßen kenne!).

Die Sammlungen im Herbarium sind nach den Familiennamen geordnet. Daher bat ich Anna, mir die *Araceae* zu zeigen, denen auch *Philodendron* und *Monstera* angehören, zwei beliebte Zimmerpflanzengattungen. Auf dem Weg durch die eintönigen Gänge überflog Anna die Schranknamen. »Da wären wir«, lächelte sie schließlich und zog eine Kiste cremefarbener, aufgeblähter und geknickter Archivseiten hervor, zwischen denen sich die Botaniker über Jahre mit wenig Erfolg bemüht hatten, große Früchte und Blütenstände zu bewahren. Ich konnte das Naphthalin riechen, mit dem man früher die Exemplare vor Insektenbefall bewahren wollte. Mich interessierte eine *Monstera punctulata,* ursprünglich in Mexiko und Mittelamerika beheimatet, die sich durch beeindruckend tiefe »Fenster« in ihren Blättern auszeichnet. Das vorhandene Exemplar von einem Baum am Straßenrand (wie die Notiz besagte) passte kaum auf die Seite, war zusammengefaltet und so brüchig wie ein übermäßig gestärkter, allmählich zerfallender Anzug. Beigesteuert hatte es »G. S. Bunting« am 21. September 1961. Später fand ich heraus, dass dies die Initialen von George Sydney Bunting waren, einem 2015 verstorbenen Botaniker, der besonders für seine Erforschung kultivierter *Aroideae* bekannt war, eine Unterfamilie, der *Philodendron, Monstera* und andere verbreitete Zimmerpflanzen wie *Aglaonema* und *Spathiphyllum* angehören. Ich stellte mir vor, wie aufgeregt der Botaniker beim Anblick der Pflanze gewesen sein musste. »Anhalten!«, hörte ich ihn sagen und malte mir aus, wie er aus dem Auto gestiegen und die Böschung hinaufgeklettert war, um sie mitzunehmen. Zweifellos war es dieselbe

Aufregung, die ich und andere empfinden, wenn wir eine neue Pflanze zum ersten Mal bewusst wahrnehmen.

Anna und ich durchstöberten das Herbarium eine ganze Weile. Natürlich kannte sie all ihre Pflanzen, aber ihre Mimik verriet mir, dass sie nie müde wurde, sie zu präsentieren. Vermutlich spiegelte ihr Enthusiasmus die ungezügelte Begeisterung und Wertschätzung derjenigen, die sie herumführte. Irgendwann blieb sie an einem Herbarium mit mehreren Ebenen stehen, aus dem sie keine gepresste Seite, sondern eine Kiste hervorzog, in die locker die Schuhe eines Basketballspielers gepasst hätten. Manche Samen oder andere Dinge gebärden sich beim Pressen zwischen zweidimensionalen Seiten derart unkooperativ, dass sie eine größere Heimat benötigen. Das hier war der Same einer *Lodoicea*, die nur auf den Seychellen vorkommt. Dieser Same, der einem festen, polierten braunen Hinterteil gleicht (wenn ich mir diesen Vergleich erlauben darf), ist das größte Samenkorn der Welt und stammt von der Seychellenpalme, auch Meeresnuss oder *Coco de Mer* genannt, weil die Entdecker ihre Samen einst meilenweit vom Land im Ozean treiben sahen und glaubten, sie stammten von Bäumen von einem Land tief unter dem Ozean. Ich bestaunte die Größe und Struktur dieses Gebildes.

Solche Sammlungen mögen heutzutage überholt und altmodisch erscheinen, erweisen sich jedoch fächerübergreifend als ziemlich nützlich. Sie bewahren nicht nur einen Teil unserer Pflanzenhistorie, sondern helfen heutigen Botanikern und Wissenschaftlern auch bei der Analyse der früheren Verbreitung bestimmter Pflanzenarten. So lässt sich nachvollziehen, wie sehr ihr Lebensraum sich ausgedehnt hat oder (in den meisten Fällen) geschrumpft ist. Außerdem lassen sich die Pflanzen so leichter bestimmen, oder man löst damit die unweigerlich aufkeimenden taxonomischen Dispute. Zudem sind Herbarium-Exemplare eine gute DNA-Quelle für wissenschaftliche Studien und liefern botanischen Gärten, Züchtern und Pflanzenliebhabern wichtige Hinweise auf die optimalen Wachstumsbedingungen einer Pflanzenart. Wenn du also jemals die Chance bekommst, eine solche Sammlung aufzusuchen, lass dir das nicht entgehen! Es ist wie ein riesiges Pflanzenmuseum, das dir die Perspektive jener Entdecker oder Botaniker vermittelt, die diese Pflanzen einst sammelten, dokumentierten und pressten.

Doch natürlich enden nicht alle Pflanzen zwischen Herbariumseiten. Manche landen in botanischen Gärten oder in den Treibhäusern von Pflanzensammlern, in Gärten und im privaten Umfeld, und mitunter führt eine direkte Linie zu den Pflanzen, die wir bis heute hegen.

»So eine *Rhaphidophora cryptantha* habe ich auch«, sagte ich einmal zu Chad Husby, einem Gartenbauexperten im Fairchild Tropical Botanic Garden in Florida, und deutete auf die schindelartigen Blätter der Pflanze an der gut beschatteten Wand. »Dann stammt die vielleicht von hier«, sagte er, »denn diese hier kam in den 1970er Jahren aus einem botanischen Garten in Neuguinea nach Fairchild. Damals war sie noch nicht beschrieben.« Da *Rhaphidophora* sehr langsam wächst, ist sie zwar unter den Zimmerpflanzen angekommen, aber noch nicht sehr verbreitet. Zwei dieser Pflanzen haben es bis zu mir geschafft.

Während Anna und ich uns im Herbarium vergnügten, schleppte Peter aus dem Keller diverse alte Botanikbücher an. Ich hatte schon Annas behutsamen Umgang mit ihren Herbarium-Exemplaren bewundert, doch Peter ging mit den bis zu 400 Jahre alten Bänden noch vorsichtiger um. Er legte sie auf dem Tisch aus wie ein Mosaik aus in Leder gebundenen Fliesen. Weil die Bücher so brüchig wirkten, scheute ich zunächst davor zurück, sie zu berühren, wurde von Peter jedoch durch ein Nicken dazu ermuntert. Beglückt warf ich einen Blick in die historischen Bände, die von den Autoren mit großer Akribie zusammengestellt und geschrieben worden waren. Einige waren gut erhalten, dicke Seiten mit gelben Rändern, die in abgegriffenes Kalbsleder eingeschlagen waren, das den Duft vergangener Zeiten verströmte. Bei anderen waren die Seiten so fein und zart wie Mottenflügel und so dünn, dass manche Seiten und ihre tief eingedrungene Schrift schon fadenscheinig waren. Fast alle waren mit vorzüglichen Zeichnungen versehen, die äußerst detailliert die einzelnen Elemente der Pflanzen und ihrer Anatomie darstellten.

In Cornell stieß ich auf Bücher früher Pflanzenexperten, von denen eines für heutige Pflanzenfans besonders relevant war. Denn im Sommer 1829 machte der englische Arzt Nathaniel Bagshaw Ward eine Entdeckung, die Pflanzen auf Schiffen und in Häusern in der Folge leichter überleben ließ.

Die Geschichte seiner Entdeckung beginnt mit einem traurigen Fiasko, das jeden, der schon einmal Pflanzen verloren hat, etwas trösten sollte. So wie ich versuchte, bei mir einen vertikalen Garten anzulegen, nachdem ich von den Werken des französischen Botanikers Patrick Blanc gelesen hatte, hatte auch Ward versucht, eine eigene Wand aus Moos und Farnen zu errichten, die er mit Primeln, Sauerklee und andere Pflanzen aus seiner Umgebung auflockerte. Doch leider starben die Pflanzen bald ab, was er auf den Rauch einer nahen Fabrik zurückführte – eine logische Schlussfolgerung, zumal die Photosynthese (und damit das Wachstum) ins Stocken gerät, wenn die Luft viel Feinstaub enthält.

Unabhängig von der Ursache seines Scheiterns verlegte sich Ward daraufhin auf etwas anderes und bettete unter anderem die Puppe eines Schwärmers in etwas feuchter Erde in ein Glasgefäß mit Deckel. Danach beobachtete er, wie die Feuchtigkeit an der Oberfläche des Glases kondensierte und in die Erde zurücksickerte, wodurch im Glas ein relativ feuchtes Klima erhalten blieb. Dabei kam es zu der folgenden Entdeckung, die er notierte:

 »Etwa eine Woche vor der endgültigen Verwandlung des Insekts zeigten sich an der Oberfläche des Häufchens [Erde] ein Farnschössling und ein Grashalm.

Unwillkürlich war ich fasziniert, dass ausgerechnet eine jener Pflanzen, die ich seit Jahren vergeblich zu kultivieren versuchte, in so einer Situation *sponte sua* auftauchte, und ich fragte mich ernsthaft, welche Bedingungen für ihr Gedeihen erforderlich seien. Die Antwort lautete: *Eine feuchte Atmosphäre ohne Ruß oder andere fremde Partikel; Licht; Wärme; Feuchtigkeit; Ruhephasen* und *Luftzirkulation.* All das hatte meine Pflanze nun, wobei die *Luftzirkulation* durch das bereits beschriebene Diffusionsgesetz erreicht wurde.

Offensichtlich waren demnach *alle Bedingungen* für das Wachstum meines Farns erfüllt, und ich musste diese Beobachtung nur noch vertiefen. Also stellte ich das Gefäß vor das Fenster meines Arbeitszimmers, das nach Norden wies, und zu meinem Entzücken wuchsen die Pflanzen weiter. Am Ende waren es L. *Filix max* und *Poa annua*. Sie erforderten keinerlei Pflege und hielten sich fast vier Jahre, in denen das Gras einmal blühte und der Farn jedes Jahr drei bis vier Wedel bildete. Am Ende gingen sie leider ein, weil ich nicht zu Hause war, der Deckel durchrostete und dadurch zu viel Regenwasser eindrang.«

Indem Ward sich die Zeit nahm, die Bedürfnisse seiner Pflanzen zu beobachten, machte er (vielleicht) unabsichtlich die damals noch unbekannte Entdeckung, dass man Pflanzen unter Glas halten kann, die schließlich dazu führte, dass viele neue Pflanzen nach Europa und schließlich auch in die USA kamen. Später wurde seine Idee als der »Ward'sche Kasten« bekannt und zum Vorläufer heutiger Terrarien. Er beschrieb das Prinzip 1842 in seinem Buch *On the Growth of Plants in Closely Glazed Cases (Über das Wachstum von Pflanzen in gut verglasten Kästen)* und veröffentlichte 1852 einen Folgeband dazu. Er räumt ein, dass schon zum Zeitpunkt des Schreibens »der Transport von Pflanzen zu Schiff… jetzt allgemein praktiziert wird und dass es wohl keinen zivilisierten Ort mehr auf der Erde geben dürfte, der nicht mehr oder weniger von der Einführung [der Ward'schen Kästen] profitiert.« Mit diesem Buch wollte er sich jedoch nicht selbst beweihräuchern, sondern vielmehr eine Anleitung liefern, wie man Pflanzen in geschlossenen Glaskästen hält, weil ihm klar war, dass die Menschen nur sehr wenig über Pflanzenpflege wussten. Man konnte eine Pflanze schließlich nicht einfach in einem Glaskasten in ein bisschen Erde setzen und alle anderen erforderlichen Elemente wie Licht, Wasser, Feuchtigkeit, Luftbewegungen und anderes ausblenden. Dasselbe gilt für Zimmerpflanzen, auf die wir gleich zu sprechen kommen.

Zum Zeitpunkt der Veröffentlichung seines Buches war Ward bereits ein bekannter Mann, konnte aber sicher nicht alle pflanzeninteressierten Menschen erreichen. Dennoch weckte seine Erfindung das öffentliche Interesse und die Lust am Leben mit Pflanzen. Das galt besonders für jene städtischen Bereiche, die aufgrund der starken Luftverschmutzung zunehmend als rußfarben beschrieben wurden. Mitte des 19. Jahrhunderts boomten in Europa auch weitere Bücher zur Pflanzenhaltung im Haus und im Salon, im Gewächshaus oder zu »Ofenpflanzen« (die buchstäblich kleinen Öfchen im Gewächshaus benötigten, um am Leben zu bleiben). Sie trugen beschreibende Titel wie *Der Stubengärtner*, *Der Zimmer- und Fenstergarten* oder *Anleitung zur Zimmer-Gärtnerei*. Einerseits sind manche dieser Texte heute über 150 Jahre alt, andererseits enthalten sie viele Hinweise zur Pflanzenpflege und eine Begeisterung, die bis in die Gegenwart überschwappt.

Gegen Ende des viktorianischen Zeitalters wurden im Nordosten Amerikas, aber auch in Kalifornien und Florida zunehmend Gewächshäuser errichtet und tropische Pflanzen gezüchtet, um die Nachfrage der Pflanzenliebhaber zu befriedigen. Bald bedienten die Anbieter nicht nur das Interesse an Pflanzen für Garten und Hof, also Blumen, Bäume und Büsche, sondern auch vermehrt Wünsche nach Blattpflanzen für Haus und Wintergarten.

Unter diesen Pflanzen waren bereits viele, die wir bis heute kennen, darunter beispielsweise *Aglaonema, Dracaena* oder *Howea,* aber auch eine Vielzahl weniger bekannter Arten, die mich in meinem Pflanzengeschäft bestimmt auch heute entzücken würden. Eines dieser Gewächshäuser, Roehrs, wurde bereits 1869 von Julius Roehrs in East Rutherford, New Jersey, erbaut und besteht noch heute. Zu Beginn züchtete der junge Roehrs dort Pflanzen für Privatkundschaft und Blumenläden, die in Manhattan allmählich Fuß fassten. Seine Lieferanten schickten Raritäten aus der ganzen Welt, ob Burma, Indien, Nordafrika oder Süd- und Mittelamerika, und es hieß, dass ganze Schiffsladungen voller europäischer Pflanzen direkt an »Julius Roehrs Co.« versandt wurden. Laut alten Katalogen im Hortorium von Cornell konnten reiche Treibhausbesitzer auf dem Höhepunkt seines Ruhms unter mehreren tausend tropischen Arten wählen, die vor allem von dem Botaniker Alfred Byrd Graf zusammengetragen worden waren, einem Deutsch-Amerikaner, der 1931 eine Partnerschaft mit der Julius Roehrs Company einging.

In den 1930ern und dann wieder in den 1950ern stieg die Nachfrage nach Zimmerpflanzen weiter an und verzeichnet über die Jahrzehnte ein beständiges Wachstum. Ein echter Boom, der nur mit der heutigen Begeisterung zu vergleichen ist, war Mitte der 1970er Jahre festzustellen. Laut einem Artikel der *New York Times* von 2018 werden derzeit fast ein Drittel der Zimmerpflanzen von Millennials erworben.[26]

Seit den 1970ern ziehen Menschen auf der ganzen Welt in nie dagewesenem Maße in die Städte. Dieses Phänomen führte – gemeinsam mit den jüngsten Zimmerpflanzentrends in den sozialen Medien – zum Entstehen eines stillen Konkurrenzkampfes um die beste Indoor-Gartenkultur. Früher konkurrierte man mit den unmittelbaren Nachbarn um den schönsten Garten, das schönste Haus oder das beste Auto – heute vergleichen wir uns mit Orten auf der ganzen Welt, die nur einen Feed oder Hashtag entfernt sind, über den Pflanzenfreunde und Gruppen weltweit miteinander in Verbindung stehen. Einerseits können sich auf diese Weise Menschen mit gemeinsamem Interesse an Pflanzen austauschen und sich mit der (bisweilen übertrieben perfekt in Szene gesetzten) Welt der Pflanzenpflege verbinden. Andererseits sollte uns dieser moderierte Anblick unserer grünen Mitbewohner nicht davon abhalten, uns wie alle Gärtnergenerationen vor uns zu fragen: »Was brauchen meine Pflanzen von mir?«

Bei der Arbeit an diesem Buch ist mir bewusst, dass ich mich damit an heutige oder künftige Pflanzenfreunde wende, so wie die Verfasser der erwähnten Bücher und die Gewächshausinhaber mit ihren Katalogen die Menschen ihrer Zeit bedienten. Zweifellos werden künftige Autoren auch in ferner Zukunft diese Tradition fortführen, wenn ich längst nicht mehr auf dieser Erde bin.

75 Prozent aller amerikanischen Familien nutzen lebendige Pflanzen zur Dekoration oder als Teil ihrer Kultur. Zimmerpflanzen und mit ihnen ein gewisses Grundwissen über Pflanzenpflege gehören somit längst zur Normalität. Dennoch gibt es nach wie vor viel zu lernen, und Pflanzenliebe bedeutet auch, sich zu überlegen, was Pflanzen in Innenräumen benötigen. Damit wollen wir uns in den kommenden Kapiteln genauer befassen. Dabei wollen wir jedoch Schritt für Schritt neu definieren, wie wir über Pflanzen denken, und in unserer Phantasie (zumindest zeitweise) unseren Körper abstreifen, um ganz in der Vorstellung aufzugehen, wie sich ein Leben als Pflanze anfühlen dürfte.

WACHSTUMSÜBUNG: ENTDECKUNGSREISE

1. **Eine grüne Oase aufsuchen.** Besuche einen botanischen Garten oder ein Gartenzentrum. Wähle eine Pflanze aus deiner Sammlung oder eine, die dich online fasziniert. Um Pflanzen richtig einzuordnen, befasst man sich am besten immer nur jeweils mit einem Exemplar.

2. **Finde heraus, wie eine Pflanze zur Hauspflanze wurde.** Sobald dich eine neue Pflanze anspricht, kannst du in ihre Geschichte eintauchen. Das ist auf den ersten Blick eine Herausforderung. Am besten fängst du mit der Frage an, seit wann sie botanisch verzeichnet ist, indem du zum Beispiel passende

Online-Datenbanken und Zeitschriften durchsuchst. Bei Hybriden oder Kulturpflanzen kannst du vielleicht herausfinden, wann die Hybridform entwickelt wurde oder seit wann die Pflanze gezüchtet wird und im Umlauf ist.

3. **Heutiger Lebensraum.** Vielleicht kannst du feststellen, welche Gärtner die Art derzeit im Umlauf halten. Diese Übung trägt dazu bei, sich näher mit der Geschichte der jeweiligen Art und ihrer Markteinführung auseinanderzusetzen, hilft aber auch bei der Entscheidung, ob diese Pflanze sich bei dir wohlfühlen würde.

6

SO LERNST DU DEINE
PFLANZEN KENNEN

Manchmal wünsche ich mir, ich könnte Photosynthese betreiben
und allein durch meine Existenz, durch das Blühen am Rande
einer Wiese oder das träge Treiben auf einem Teich pausenlos
vor mich hin arbeiten, indem ich mich still der Sonne zuwende.

– *Robin Wall Kimmerer*, Braiding Sweetgrass: Indigenous
Wisdom, Scientific Knowledge, and the Teachings of Plants

· · · · · · · · · · · · ·

»*Pflanzenwissen fasziniert mich zutiefst. Pflanzen haben mir
geholfen, einen tieferen Sinn zu entdecken.*«

– *Sarah A.*

WILLST DU EIN LEBEN ODER EINEN LIFESTYLE?

Seit wir zunehmend in die Städte ziehen, geht das Wissen aufgrund persönlicher Erfahrungen mit Pflanzen (besonders in ihrer natürlichen Umgebung) immer weiter zurück. Anstatt auf Bäume zu klettern, haben wir vielleicht einen Bonsai zu Hause. Anstatt aus Kartoffelschalen und Essensresten Kompost zu erzeugen, kaufen wir fertige Blumenerde. Die Natur wird hygienisch aufbereitet, in Töpfe gesetzt und zurechtgestutzt. Je mehr wir jedoch über unsere Pflanzen in Erfahrung bringen, desto besser verstehen wir ihre Geschichte und wie sie zu uns gelangt sind.

Im letzten Kapitel haben wir uns damit beschäftigt, wie sehr die Menschheit von Pflanzen fasziniert ist und wie dringend wir sie brauchen, wie man das eigene Selbstbild als Gärtner durch das Eintauchen in die Geschichte vertiefen kann und welche Gewohnheiten dieses Selbstbild verstärken. Wenn wir uns daran gewöhnen, unsere Pflanzen gut zu versorgen, stärken wir damit letztlich unsere Naturverbundenheit. Solange es hingegen nur darum geht, wie die

Pflanzen unser Heim verschönern, entstehen solche guten Gewohnheiten vielleicht nie, und der Bezug zur Natur bleibt oberflächlich. Mit einer Grundeinstellung, die uns ermuntert, die Bedürfnisse unserer Pflanzen zu erfüllen, können wir echte Pflanzen*liebe* entwickeln, nicht nur »Pflanzenbegierde«, keine Mode, sondern eine Lebensweise.

Um gute Pflegegewohnheiten zu etablieren, brauchen wir zuerst eine »kümmernde« Einstellung, und die sollte in erster Linie auf Neugier beruhen: Achte darauf, wie eine Pflanze wächst. Nimm ihre typischen Eigenschaften wahr, die Blätter, die Stängel, die Wurzeln. Finde heraus, woher sie kommt, und überlege dir, unter welchen Umweltbedingungen sie optimal gedeiht – und all das, *bevor* du sie zu dir nach Hause holst. Auf den ersten Blick erscheint das nicht so einfach, denn als Anfänger fühlt man sich durch die Vielfalt der Pflanzen mit ihren jeweiligen Bedürfnissen leicht erschlagen. In diesem Kapitel möchte ich das Geheimnis der Pflanzenpflege entmystifizieren und dich dadurch in die Lage versetzen, gute Entscheidungen für dich und deine Schützlinge zu treffen.

Die erste Begegnung mit einer Pflanze unterscheidet sich gar nicht so sehr von der ersten Begegnung mit einem Menschen. Wer gut zuhören kann und die Kunst der Gesprächsführung beherrscht, lernt die neue Person leichter kennen. Dieses Prinzip gilt auch für unsere Pflanzen, wobei wir hier natürlich neue Fähigkeiten entwickeln müssen, weil Pflanzen ihre Geschichten anders erzählen und ganz anders reagieren. Häufig kommt es deshalb darauf an, vorab etwas zu recherchieren, sich die Zeit zu nehmen, Pflanzen zu beobachten, und auch sich selbst etwas gründlicher zu hinterfragen.

WOHER STAMMT DIE PFLANZE?

Besonders als Stadtbewohner denkt man vielleicht gar nicht darüber nach, wie die Pflanze, die man in Plastikhülle oder in einem Gesteck entdeckt, gelebt hat, ehe sie im Regal des Gartenmarkts landete. Wo wurde sie gezüchtet? Wie lange hat es gedauert, sie verkaufsfertig heranzuziehen? Mit solchen und anderen Fragen beschäftigte ich mich für meine YouTube-Serie *Plant One On Me,* für die ich Hobbypflanzenfreunde und private Sammler interviewe und große Gewächshäuser und botanische Gärten aufsuche.

Pflanzenzüchter brauchen bis zu zehn Jahre, ehe sie eine Pflanze für die Marktreife »perfektioniert« haben. Und damit meine ich nicht nur außergewöhnliches Blattwerk oder betörende Blüten, die zum Kauf verlocken sollen, sondern auch, dass die Pflanzen den Versand heil überstehen, es im Geschäft nicht krummnehmen, wenn sie vernachlässigt werden, und natürlich die Torheiten ihrer Besitzer dulden. »Die Pflanze muss bei ihrem Besitzer mindestens drei Monate überleben«, sagen viele Züchter. Diesen Satz habe ich inzwischen derart oft gehört, dass ich mich frage, ob er immer aus demselben Handbuch stammt. Und er beweist, wie wenig Vertrauen manche Züchter in die Pflegekünste ihrer Pflanzenkäufer haben.

Selbst wenn eine Zimmerpflanze in einem Gewächshaus gekeimt ist, kultiviert oder geteilt wurde, bleibt sie dennoch eine Art, die einst über eine Lichtung im Wald gekrochen oder gewuchert ist, sich an schroffe Felsen geklammert oder die Wüste überlebt hat oder sich vielleicht hoch hinauf ins Blätterdach des Regenwalds wagte. Mehr über ihr natürliches Umfeld zu wissen ist wichtig, denn so versteht man besser, welche Umweltbedingungen sie bevorzugt und natürlich, warum sie so wächst, wie sie wächst.

Zu Hause ein natürliches Ökosystem nachzubilden erscheint vermutlich unmöglich, doch viele der rund 500 bekannteren Zimmerpflanzen aus den Treibhäusern, Gärtnereien und Pflanzenmärkten sind im Grunde genommen bestens für das Leben im Haus oder im Büro gerüstet. Im Tierreich haben sich beispielsweise ganz gewöhnliche Tauben mit Leichtigkeit an ein Leben an den Häuserfassaden und Wolkenkratzern angepasst, das ihrem natürlichen Lebensraum an den Felswänden und Klippen der Wildnis sehr ähnlich ist. Die meisten Zimmerpflanzen, die wir heute kennen, sind tropische und subtropische Pflanzen aus einem Bereich innerhalb von 2575 Kilometern nördlich (und südlich) des Äquators. Einige stammen aus Wüsten, andere klammern sich an Berghängen an die nackte Erde, wieder andere leben im Dämmerlicht der unteren Etagen der Wälder und Urwälder unserer Welt. Viele dieser Pflanzen haben sich an Bedingungen angepasst, die denen in unseren Häusern gar nicht so unähnlich sind – zumindest in Bezug auf die von uns bevorzugten Umgebungstemperaturen von 18 bis 21 °C. Und noch andere wie bestimmte Kakteen und Sukkulenten leben von Natur aus unter derart prekären Bedingungen, dass sie sich auch mit Besitzern begnügen, die öfter mal das Gießen vergessen oder viel reisen, aber zumindest eine sonnige Fensterbank zu bieten haben.

Vor einer Weile war ich im Tapanu-Nationalpark von Costa Rica unterwegs, knapp 50 Kilometer südöstlich von San José. Hingerissen registrierte ich dort die fein behaarten Blattstiele, die rostfarbenen Blattunterseiten und die samtigen Blätter eines *Philodendron verrucosum*, die geschlitzten Blätter und die umhüllenden Schmuckblätter um die Blütenstände einer *Monstera* sp. oder die Äste voller Aufsitzerpflanzen wie *Tillandsia* sp. und Bromelien, lauter Pflanzen, die in jedem Fachgeschäft der Welt erhältlich sind. Es ist verblüffend, wie vertraut sich ein völlig fremder Ort anfühlen kann, sobald man einen Blick auf die Pflanzenwelt wirft. Und sobald du dich zu Hause mit Natur umgibst, wirst du überrascht feststellen, wie einladend – und merkwürdig vertraut – dir das plötzlich vorkommt.

Natürlich muss niemand das Wohnzimmer in einen Dschungel verwandeln, nur um sich an einer Urwaldpflanze zu erfreuen. Aber Pflanzen gedeihen auf jeden Fall besser, wenn wir etwas mehr über ihre Herkunft und ihren natürlichen Lebensraum wissen – wo sie wachsen, wie sie wachsen und wie sie funktionieren.

WIE PFLANZEN FUNKTIONIEREN

Im Vergleich zu Säugetieren erscheinen Pflanzen zunächst physiologisch ziemlich einfach, sind in Wahrheit jedoch ähnlich komplexe Wesen. Über Jahrmillionen haben sie über die Evolution gelernt, sich nahezu jeder Situation anzupassen, nicht nur in Gesellschaft eigener Artgenossen, sondern in jeglicher Gesellschaft. Sie trotzen den Elementen auf verschneiten Alpengipfeln, in Wüstengebieten und auf Klippen, wo sie schutzlos der Sonne ausgeliefert sind. Schon immer waren sie dabei begehrte Beute für Insekten, Pilzbefall, Bakterien, Viren, Vögel, Säugetiere, Menschen und sogar andere Pflanzen. Die Pflanzenwelt als solche hat gelernt, Kräften von biblischem Ausmaß standzuhalten – Stürmen, Fluten und Feuern –, und manche Pflanzen nutzen solche Klimakatastrophen sogar (besonders im Samenstadium) zu ihrem Vorteil, indem sie sich nach einem solchen Umbruch explosionsartig vermehren. Das ist weit mehr, als man vom Menschen behaupten könnte!

Wie ein meditierender Mönch verankern Pflanzen sich an Ort und Stelle, verhalten sich in ihrer natürlichen Umgebung jedoch keineswegs ruhig. Was uns »reglos« erscheint, ist oftmals eine Vielzahl unmerklicher (wenn auch mitunter auffälliger) Bewegungen und Wachstumsprozesse, ob über der Erde oder unterirdisch oder auch auf Zellebene in den Blättern, Stängeln, Stämmen, Wurzeln und Samen. Selbst die oberirdischen Bestandteile einer Pflanze empfinden wir noch als unauffällig. Deshalb zeigen sich Jung und Alt gleichermaßen entzückt wie befremdet, wenn Pflanzen auf uns reagieren, zum Beispiel wenn eine *Mimosa pudica* die Blätter einzieht, sobald wir sie berühren, oder wenn eine *Dionaea muscipula,* die Venusfliegenfalle, nach zwei Berührungen ihrer Härchen innerhalb von 20 Sekunden sofort zuschnappt.

Noch geheimnisvoller sind die unterirdischen Pflanzenanteile, also das Wurzelwerk. In der Regel sind die Wurzeln von dunkler Erde oder Substrat umgeben, die ihr Halt geben, sie optimal mit Wasser versorgen und zugleich verhindern, dass sie im Wasser steht. Wurzeln und Wurzelhärchen dehnen sich unter der Erde wie winzige Wünschelruten und registrieren dabei unablässig das Feuchtigkeitsgefälle. Pflanzen sind so gut auf ihre dunkle, unterirdische Umgebung eingestimmt, dass sie teilweise sogar akustische Vibrationen (wie das Geräusch von fließendem Wasser) einbeziehen, um entferntere Wasserquellen zu finden. Sobald sie Feuchtigkeit in der Erde entdecken, saugen sie diese mitsamt den darin gelösten Nährstoffen über Osmose auf und leiten sie über die Wurzelhärchen und Stängel oder Stamm bis in die Blätter.[27] Bei Bäumen spricht man von »aufsteigenden Säften«. Die gelösten Nährstoffe oder *Kationen* wie Magnesium, Phosphor und Stickstoff werden dann in pflanzliches Gewebe umgewandelt und unterstützen die Pflanze bei wichtigen Prozessen wie der Enzymproduktion oder dem Stoffwechsel. Diese Nährstoffanteile gehen später auf diejenigen über, die diese Pflanzen verzehren, auch auf uns Menschen. Viele Menschen registrieren diese lebensspendenden Vorzüge nicht bewusst, doch vielleicht sollten wir bei der nächsten Portion Gemüse etwas mehr Dankbarkeit empfinden.

Pflanzen sind das Bindegewebe zwischen der Erde und dem Himmel. Nachdem das Wasser durch die Pflanze aufgestiegen ist, tritt es über die Blätter (mitunter auch über die Stängel) wieder aus. Dazu nutzt es kleine, lippenförmige Spaltöffnungen, die *Stomata,* und dieser Prozess wird in der Botanik als Transpiration bezeichnet. Wenn die Blätter auf diese Weise Gas ausatmen, befeuchten sie zugleich ihre Umgebungsluft, in Innenräumen ebenso wie in der freien Natur. So speisen sie einen Wasserkreislauf, den die indigenen Völker des Amazonasgebiets als »Flüsse am Himmel« bezeichnen. Irgendwann sammelt sich diese Feuchtigkeit wieder in Wolken, regnet ab und sorgt so dafür, dass Pflanzen aller Art zuverlässig Wasser zur Verfügung haben.

Die Stomata gewährleisten auch den Austausch von Kohlendioxid (CO_2) und Sauerstoff. Wenn das CO_2 in die Pflanze strömt, wird der Kohlenstoff durch Lichtenergie abgespalten und verbindet sich mit Wasser, um Kohlenhydrate, Sauerstoff und Restwasser zu erzeugen. Die Lichtenergie, die diesen Prozess ermöglicht, fängt die Pflanze über ihre grünen Anteile in den Blättern und Stängeln ein, das Chlorophyll. Wie große Sonnenkollektoren, welche sich den ganzen Tag und zu jeder Jahreszeit auf die Bewegungen der Sonne ausrichten, sind pflanzliche Blätter perfekt darauf abgestimmt, Licht einzufangen, das die Pflanze und mit ihr die Welt jederzeit zuverlässig mit Energie versorgt. In den Wintermonaten oder in Trockenzeiten, wo viele Pflanzen ihren Stoffwechsel einstellen, schleusen sie ihre Kohlenhydrate hinunter in die Wurzeln oder in modifizierte Wurzelsysteme wie Knollen, Zwiebeln oder Rhizome. Sobald der Frühling naht (oder die Regenzeit), kann die Pflanze diesen Kohlenhydratspeicher wieder anzapfen. Deshalb können wir im Frühling Ahornsirup ernten, und deshalb können Kartoffeln, Süßkartoffeln oder Zwiebeln in der Küche keimen.

Je mehr Einzelheiten man über Pflanzen weiß, desto besser kann man nicht nur für sie sorgen, sondern auch ihren Lebensrhythmus nachvollziehen. Pflanzen sind langsame, stille und vor allem komplexe Wesen. Wer sie in sein Leben integrieren möchte, sollte sich diesen Eigenarten möglichst anpassen. Mit der nötigen Sensibilität für Pflanzen wirst du merken, dass sie umso großzügiger reagieren, je mehr du ihnen gibst. Mit etwas Übung läuft das irgendwann wie von selbst:

 »Meine chronischen Schmerzen hindern mich häufig daran, am Leben so teilzuhaben, wie ich es mir wünschen würde. Deshalb habe ich derzeit auch keine Haustiere, doch die Pflanzen bereichern meinen Alltag in einer Form, die gut zu meinen Einschränkungen passt. Ich identifiziere mich stark mit ihnen, und das hat viel mit dem Überwinden von Hindernissen zu tun.«
– Tove T.

 »Ich habe vor fünf Jahren mit dem Gärtnern angefangen … Wenn es mir psychisch nicht gut geht, vernachlässige ich automatisch auch meine Schätzchen. Erst dadurch wird mir mein Zustand bewusst, und ich fange sofort an, meine Pflanzen zu versorgen, was wiederum mir selbst guttut. Das ist eine wunderbare Wechselbeziehung.«
– Anna Morgan R.

 »Ich bin ein freiberuflicher Kreativer, und es ist ein ständiges Auf und Ab. Was mir in diesem Prozess wirklich hilft, sind meine Pflanzen. Ich versorge sie

jeden Tag und habe dadurch ein regelmäßiges Pfle-
geritual, das nicht nur meinen Nerven guttut und
Ängste mildert, sondern mich auch in die Lage versetzt, sie besser zu verstehen.«
– Todd

Der Sonntag ist mein Pflanzentag. Darauf komme ich später
noch zu sprechen. Sonntag ist der Tag, an dem ich herunter-
komme und mich jeder einzelnen Pflanze intensiv zuwende.
Dieses Ritual hält nicht nur sie gesund, sondern insbesondere *mich*. Die Geschichten aus meiner Community zeigen
deutlich, dass Entschleunigung bei körperlichen Krankhei-
ten, dem unvermeidlichen Alltagsstress oder einem gebro-
chenen Herzen heilsam sein kann.

FRAG DEINE PFLANZE, WAS SIE VON DIR BRAUCHT

»Was für eine schöne *Maranta*«, sagte ich zu dem jungen
Mann, der aus dem Pflanzenladen bei meinem Haus trat.

Er blieb stehen. »Was sagten Sie dazu?«

»*Maranta*«, wiederholte ich. »Man kann auch Pfeilwurz
zu ihr sagen.«

»Oh, cool«, antwortete er. »Ich hatte keine Ahnung, was
das ist. Ich fand sie einfach schön, darum habe ich sie ge-
kauft.«

Da er es nicht eilig hatte, gab ich ihm ein paar Stichworte
zur Pflege und versuchte, mich möglichst einprägsam und
knapp auszurücken: »Sie mag helles Licht, aber keine di-

rekte Sonne, und sie hat es gern feucht. Abends klappt sie ihre Blätter in Schlafstellung.«

Zu diesem Zeitpunkt wandte er sich allerdings bereits ab, sagte flüchtig »Danke« und marschierte mit seiner *Maranta leuconeura* var. *erythroneura* davon. (Und jetzt bitte zehn Mal diesen Zungenbrecher aussprechen!)

Ich wohne seit über zwölf Jahren neben einem Pflanzenladen, habe diverse Workshops geleitet und in zahlreichen Gartenzentren und Gärtnereien genau zugehört. Die meisten Menschen spazieren einfach in einen Laden, haben ziemlich wenig Ahnung von Pflanzen und kaufen etwas, was sich »an der Stelle« (irgendwo in ihrer Wohnung) gut machen soll. Allerdings wissen sie nicht, ob die Pflanze diesen Ort wirklich mag oder überhaupt zu ihnen passt. Hinzukommt, dass mir nach 14 Jahren in der Stadt klar ist, dass eine Wohnung meist Kompromisse verlangt, weil sie zu wenig Raum, zu wenig Licht, zu wenig Luftfeuchtigkeit oder zu wenig Luftzirkulation zu bieten hat. Eine der häufigsten Fragen von angehenden Pflanzenbesitzern lautet daher auch: »Welche Pflanze ist nicht totzukriegen?«

Ich würde gern mit einer ganz anderen Frage anfangen, die für den Pflanzenkauf einen echten Perspektivwechsel einleitet. Stell die Frage beim nächsten Besuch im Gartenmarkt einmal andersherum: Frag dich nicht, mit was für einer Pflanze du gern zusammenleben würdest, sondern frage dich, welche Pflanze wohl gern *bei dir* leben würde. Häufig treffen wir unsere Wahl aufgrund von ästhetischen Gesichtspunkten und sagen zum Beispiel: »Wäre die hier nicht perfekt für die Ecke im Schlafzimmer?«, ohne zu überlegen, ob sie in dieser speziellen Ecke überhaupt überleben, geschweige denn gedeihen würde. Vielleicht hätten wir auch gern jene ultrapflegeintensive Art, obwohl wir eigentlich gar keinen Sinn für ständiges Kümmern haben. Das passt leider nicht zusammen und macht in der Folge erst die Pflanze und dann ihre Besitzer unglücklich. Deshalb hier noch einmal: Frag zuerst, was die Pflanze sich von dir wünscht, und überlege dann, ob das nicht nur deinen Wünschen entspricht, sondern auch deinen Möglichkeiten, sie so gut zu versorgen, dass sie bei dir langfristig glücklich ist.

Der Wunsch, sich mit Natur zu umgeben, ist ganz natürlich und menschlich. Allerdings ist es häufig mühsam zu lernen, wie die Natur funktioniert, und dieses Wissen aktiv in das eigene Leben zu integrieren. Weil wir sehr radikal zwischen »drinnen« und »draußen« unterscheiden, haben wir ein dringendes Bedürfnis, unsere Wohnungen und Balkone mit der Schönheit der Natur auszustatten. Selbstgebaute Zimmerspringbrunnen oder Vogelnester, wie ich sie einst nach Hause schleppte, sind nur ein Aspekt davon. Sobald man sich mit Zimmerpflanzen umgeben will, beginnt eine Lernkurve, die durch zunehmende Beachtung der Bedürfnisse unserer Pflanzen rasant ansteigt.

Pflanzen haben die wundersame Eigenschaft, einen Ort mühelos aufzuwerten. Sie beleben ihre Umgebung buchstäblich und metaphorisch gesehen, weil sie das Leben *sind*. Das ist die vermutlich naheliegendste Aussage in diesem Buch, aber ich möchte sie dennoch wiederholen: *Pflanzen sind Leben*. Sie sind der Inbegriff von Leben, denn sie wachsen, bewegen sich, atmen und haben einen Stoffwechsel. Und wir müssen dazu beitragen, dass dies auch so bleibt. Auch wenn sich ihr Dasein deutlich davon unterscheidet, wie ein Mensch wächst, sich bewegt, atmet und Nährstoffe verarbeitet, sind sie zweifellos ausreichend mit uns verbunden, um sie verstehen zu können. Wenn man einen leeren Ort mit hundert Partygästen füllt, belebt sich dort die Atmosphäre. Wenn an diesem Ort hundert Menschen meditieren, ist der Ort ebenfalls belebt, nur anders. Füllt man diesen Ort jedoch mit hundert Pflanzen samt Wurzeln, so wäre sonnenklar: Dieser Ort ist wirklich lebendig! Auch hierzu habe ich weitere Aussagen gesammelt:

 »Ich komme aus einer Kleinstadt und bin inmitten von viel Natur aufgewachsen. Aber nach dem College zog ich in die Stadt und wohne jetzt in einer Art Schuhschachtel ohne jeglichen Außenbereich. Zum Glück hat mein Schlafzimmer ein großes Panoramafenster, und dort habe ich Pflanzen aufgestellt. Als ich sie holte, ging es mir sofort besser, und das Zimmer fühlte sich so lebendig an. Meiner Mitbewohnerin gefiel das auch, sie ließ sich anstecken und hat jetzt auch Pflanzen in ihrem Zimmer!«
– Zuzanna S.

 »Eine Woche vor Collegebeginn starb meine Mutter. Ich fühlte mich einsam und verlassen, bis ich das Gärtnern für mich entdeckte. Ich finde es nicht nur unglaublich therapeutisch, mit den Händen in der Erde zu hantieren, sondern bin auch lange nicht mehr so einsam, seit ich mir Pflanzen angeschafft habe. Sie haben eine so beruhigende Wirkung auf mich, weil mein Zimmer schöner aussieht und ich gern zusehe, wie etwas Lebendiges, um das ich mich kümmere, gut gedeiht!«

– Meag Sargent

 »Früher kaufte ich Pflanzen nur nach dem Aussehen. Wenn sie starben (und sie starben *alle),* habe ich sie weggeworfen. Das klingt vielleicht gemein, aber ich hatte nie vor, sie ihr Leben lang zu versorgen. Sie waren für mich eher Dekoartikel für begrenzte Zeit. Erst als ich über die sozialen Medien sah, wie andere sich hochzufrieden um ihre Pflanzen kümmerten, ging mir auf, dass ich offenbar etwas übersehen hatte. Inzwischen habe ich eine neue Einstellung dazu und bin ein begeisterter Hobbygärtner.«

– Josef

Pflanzen sind Leben. Das heißt, wenn wir aufmerksam auf ihre Bedürfnisse achten, können wir ihnen den nötigen Raum geben, die Leere in uns zu füllen. Das hört sich vielleicht merkwürdig oder abgefahren an, doch ich glaube, dass sowohl die Pflanzen als auch die Menschen dazu geschaffen sind, füreinander zu sorgen und einander Trost zu spenden und Leben zu schenken. Es gab Zeiten, in denen diese Beziehung deutlicher zu erkennen war, aber seit die Gesellschaft sich rund um die Industrie organisiert, versuchen wir, unsere Leere mit Produkten und Äußerlichkeiten zu füllen. Dieses Buch ist auch ein Aufruf, mit mir und meiner Community die Uhr zurückzustellen und die Zeit ein wenig langsamer verstreichen zu lassen – zumindest sonntags für ein paar Stunden.

WACHSTUMSÜBUNG: GRÜNES RENDEZVOUS

Mit der richtigen Einstellung zur Pflanzenpflege wird es nun Zeit, deine Pflanze besser kennenzulernen. Das ist wie bei einem Date, denn die Pflanze, die vor dir im Verkaufsregal steht, ist vielleicht nicht die richtige Partnerin für dich (sie mag attraktiv sein, aber auf die Dauer womöglich ungemein anspruchsvoll). Das kannst du nur herausfinden, indem du die richtigen Fragen stellst. Wenn dir also eine Pflanze auffällt, dann gehe vor dem Kauf bitte die folgenden Fragen durch:

1. **Woher stammt diese Pflanze?** Sobald du ihren Namen kennst, kannst du dich genauer informieren. Woher kommt sie? In welchem Ökosystem gedeiht sie? Was kannst du daraus ableiten? Zum Beispiel dürfte eine Pflanze, die in den unteren Etagen der tropischen Regenwälder von Ecuador wächst, mit schwachen Lichtverhältnissen zurechtkommen.

2. **Wie funktioniert sie?** Wie sieht sie aus? Sieh dir die Pflanze gründlich an. Hat sie überhaupt Wurzeln, wenn ja, was für welche? Hat sie eine Zwiebel oder

eine Knolle, feine oder kräftige Wurzeln? Bei wurzellosen Pflanzen wie vielen *Tillandsia* muss man möglicherweise die Blätter besprühen oder eintauchen, wohingegen eine Knollen- oder Zwiebelpflanze zeitweise Winterruhe hält und in dieser Zeit überhaupt kein Wasser braucht. Finde heraus, was deine spezifische Pflanze braucht, damit du dich noch besser um sie kümmern kannst.

3. **Möchte diese Pflanze bei dir leben?** Sobald du eine klare Vorstellung davon hast, woher eine Pflanze kommt und wie sie leben möchte, solltest du dir die Frage stellen, ob diese Pflanze sich in deiner Wohnung und unter deiner Pflege wohlfühlen würde. So erkennst du schnell, ob du mit dieser Pflanze ein zweites Date ausmachen solltest.

7

WIE SICH JEDE PFLANZE
IN DICH VERLIEBT

Der Garten ist der Ort, wo du dir Zeit nimmst,
still zu lauschen. Man muss nur lange genug schweigen
und mit offenem Herzen und offenem Geist wahrnehmen,
was die Pflanzen uns zu sagen haben.

– Gabriel Howearth, Permakulturexperte und Botaniker

. . . .

»Seit ich Pflanzen als Lebewesen betrachte,
die geliebt und respektiert sein wollen, ist mir bewusst,
wie sehr sie die Seele nähren können.«

– Monica K.

Meine Freundin Tama Matsuoka Wong beliefert Spitzenköche mit selbst gesammelten Wildpflanzen, Kräutern, Gewürzen und Gemüse. Als sie mir gestand, sie sei eine furchtbare Gärtnerin, war ich total erstaunt. In erster Linie überraschte mich ihr hartes Urteil über sich selbst. Als Sammlerin braucht sie natürlich keinen grünen Daumen, nur einen geschulten Blick. Denn für sie übernimmt die Natur alle Pflege.

In gewisser Hinsicht ist Tama definitiv Expertin, denn sie weiß genau, warum Pflanzen an bestimmten Orten gut gedeihen. Ihr gefällt, dass Pflanzen oftmals dort am besten wachsen, wo sie sich von Natur aus ansiedeln – mitunter auch (wie Unkräuter) an Orten, wo sie unerwünscht sind. Solche Beobachtungen gehören dazu, wenn man sich näher mit Pflanzen befassen will. Für den nächsten Schritt, die Haltung in Haus oder Garten, sollten wir uns Fragen stellen wie: »Welche Umgebung kann ich für sie erzeugen, damit es ihnen wirklich gut geht?«

Tama zufolge sprechen Botaniker bei Pflanzen, deren neue Besitzer sie einfach mitnehmen, ohne sich Gedanken darüber zu machen, was sie brauchen, von *Kriegsgefangenen*. Solche Beutestücke werden in Pflanzkübel gesetzt oder mit Gerüsten umzäunt und dann mittels Dünger und Wasser am Leben gehalten. »Wenn du wirklich wissen willst, ob eine Pflanze alles hat, was sie braucht, solltest du dich fragen: Kann sie sich neu bilden?«, sagte Tama. »Wenn nicht, ist sie wahrscheinlich eine Kriegsgefangene.«

Da die Regeneration, das Produzieren von Schösslingen oder die Pollen- und Samenbildung zu den ureigenen Aufgaben jeder Pflanze gehört, müssen wir uns fragen, was eine Pflanze braucht, um in der vorhandenen Umgebung zu gedeihen. Das ist mehr als nur Wasser und Licht (wobei es schon hervorragend ist, wenn diese Elemente stimmen). Damit eine Pflanze sich geliebt fühlt, müssen wir für Mutter Natur einspringen. Und da die meisten Zimmerpflanzen in Töpfen wachsen, können sie nicht darauf zählen, dass von den Bäumen Blätter fallen, ihnen stehen weder Pilzsymbiosen noch eine wilde Mischung aus Mikroben und anderen Bodenorganismen wie Regenwürmer zur Verfügung. Das heißt, als Besitzerin bin ich höchstpersönlich für jedes Bedürfnis meiner Pflanzen zuständig – von den optimalen Lichtverhältnissen bis hin zum Auflockern der Erde mit Essstäbchen.

Der Autor Stephen Harrod Buhner schreibt: »[Pflanzen] sind eine Lebensform, die in ihrer Gemeinschaft verwurzelt sind und über sie definiert werden, über ihre Beziehungen zu und Interaktionen mit allem anderen Leben auf der

Erde.« Für sich allein seien Pflanzen gar nichts, sagt Buhner. So gut ich seine Aussagen nachvollziehen kann, weiß ich doch, dass wir die komplexen Wechselbeziehungen natürlicher Ökosysteme in unserem Zuhause zwar niemals vollständig nachbilden können, aber dass die Pflege von Zimmerpflanzen uns hilft, uns mit etwas weitaus Größerem zu verbinden.

Wie bereits erklärt kann sogar eine isolierte Pflanze uns das Tor zu etwas Umfassendem eröffnen, indem sie als Botschafter oder Symbol ihrer ursprünglichen Umgebung fungiert. Ihr Aussehen, ihr Wachstum und ihre individuelle Physiologie vermitteln uns Einblicke in die Gegend, aus der sie einst kam. Mit der nötigen Geduld und etwas Glück werden wir mit der Zeit immer sensibler für Pflanzen und können uns ihnen nicht nur sorgsamer widmen, sondern auch wieder Anschluss an unsere eigene Herkunft finden. So entwickeln wir größeren Respekt vor der Natur und stärken letztlich unsere Rolle als Bewahrer unserer Umwelt – damit diese Umwelt ihrerseits für uns sorgen kann. Wer Pflanzen hilft, ihr volles Potenzial zu entfalten, kann dadurch vielleicht auch das eigene Potenzial voll erblühen lassen! Auch wenn eine Wohnung nie die Natur ersetzen wird, können wir mit bestimmten Schritten doch die natürliche Umgebung imitieren und dazu beitragen, dass eine Pflanze nicht nur überlebt, sondern gedeiht. In diesem vorletzten Kapitel befassen wir uns mit einigen zentralen Bedürfnissen von Pflanzen, damit wir besser vorbereitet sind, wenn wir sie in unser Leben und unsere Häuser holen.

PFLANZEN UND LICHT

»Warum sind Pflanzen grün?«

Als der Dreijährige meiner Freundin mir diese Frage stellte, presste die Freundin überfragt die Lippen zusammen, wie um mich zu fragen: »Hast du das gehört?«

»Warum fragst du nicht die Pflanze?«, antwortete ich.

»Pflanzen reden doch nicht!«, quietschte er lachend und hob dabei die kleinen Händchen.

»Das glaubst aber auch nur du!«, gab ich zurück. »Meine Pflanzen reden mit mir. Aber das machen sie auf ihre eigene Weise – ganz leise. Darum muss man die Frage nicht laut stellen, sondern sich hinsetzen und sie beobachten.«

Die Frage des Kleinen erinnerte mich daran, dass etwas völlig Selbstverständliches (wie das »Grünsein« einer Pflanze) nicht nur überraschend komplex, sondern zugleich überlebenswichtig ist. Die einfachste Antwort auf seine Frage lautet, dass Pflanzen einen Farbstoff erzeugen, der *Chlorophyll* heißt. Dieses Chlorophyll ist grün, weil darin das Magnesiumion steckt, ohne das ein Chlorophyllmolekül funktionsunfähig wäre. Wer je einen Meteor zur Erde stürzen sah und dabei einen grünen Schimmer beobachten konnte – dieses Grün stammt daher, dass der Meteor weitgehend aus Magnesium besteht. (Was wiederum erklärt, warum Blätter bei Magnesiummangel gelb werden. Kein Magnesium, kein Grün, aber das ist eher ein Thema für meinen Masterclass-Workshop.) Das Chlorophyll in der Pflanze soll alle sichtbaren Wellenlängen des Lichts auffangen, besonders die roten und blauen Wellen des Spektrums. Da die grüne Wellenlänge weniger verwertet wird, wird dieses Licht zurückgeworfen, und wir nehmen es wahr. Deshalb sind Pflanzen grün.

Wie grün eine Pflanze aussieht, ist somit häufig ein Zeichen dafür, dass sie gesund ist und gut wächst. Vielleicht gibt es bei dir zu Hause nur ein paar Eckchen, in die das Sonnenlicht fallen kann – genau dort musst du gegebenenfalls deine Pflanzen aufstellen, damit sie das nötige Licht aufnehmen können, das sie zum Wachsen und zur Vermehrung brauchen. Auf der Nordhalbkugel bieten unverstellte Südfenster reichlich Licht für Kakteen, die meisten Sukkulenten und sogar Kräuter. Pflanzen, die keine volle Sonne vertragen (das sind häufig Arten mit besonders filigranen Blättern), erleiden an einem solchen Standort oft Hitzeschäden, weil ihre Blätter sich vor der unbarmherzigen Sonneneinstrahlung nicht schützen können. Fenster, die nach Westen oder Osten ausgerichtet sind, liefern den meisten Pflanzen auf der Nordhalbkugel ausreichend Licht, wobei die mitunter heiße Nachmittagssonne im Westfenster manche Exemplare versengen kann. Licht von Norden ist häufig sanft und indirekt, was die weniger lichttoleranten Arten zu schätzen wissen. Sobald dir klar ist, welche Lichtarten dein Zuhause anzubieten hat und was die jeweilige Pflanze braucht, findest du bestimmt eine, die bei dir glücklich wird.

Wer eine Pflanze jedoch von jeglicher Lichtzufuhr abschneidet, nimmt ihr die Nahrungsquelle. Selbst chlorophyllfreie Pflanzen, die vielfach aus den dunkelsten Tiefen des Waldes stammen, müssen sich indirekt vom Licht ernähren.

Die *Monotropa uniflora* beispielsweise ist eine wachsartige, ätherische Pflanze wie aus einem der makabren Filme von Tim Burton. Ich erinnere mich gut an meine erste Begegnung mit diesem parasitischen Gewächs. Ich hatte in der Nähe unseres Hauses in Pennsylvania im Wald gespielt, wie ich es häufig am Wochenende tat, und war von dem Fund einer derart ungewöhnlichen Pflanze hingerissen. Ich wusste sofort, was das war, weil ich mir alle meine Pflanzenbücher gründlich eingeprägt hatte. Allerdings wusste ich nicht, *warum* es sie gab.

GEWIEFTE SONNENAUSBEUTER

Monotropa uniflora zählt zu den 3000 blühenden Pflanzen, die keine Photosynthese betreiben und ganz ohne Licht überleben können. Sie wachsen auf dem dunklen Waldboden, und es ist praktisch unmöglich, sie im Haus zu halten (ich habe es als Kind vergeblich probiert), denn sie beziehen ihre Energie über ein unterirdisches Pilzmyzel aus den chlorophyllhaltigen Pflanzen ihrer Umgebung. Deshalb werden sie auch als *mycoheterotroph* bezeichnet. Die geisterhafte *Monotropa uniflora,* deren wachsartige weiße Blütenköpfe von ihren ebenfalls weißen Stängeln wie an Schlingen herunterhängen, zapfen über ihre Wurzeln das weiße Pilzgeflecht zwischen den Bäumen an, zum Beispiel Täublinge *(Russula)* und Milchlinge *(Lactarius).* Doch ohne Buchen *(Fagus* sp.) und Hemlocktannen *(Tsuga* sp.), die ihrerseits Photosynthese betreiben, und Pilze, die Nährstoffe aufnehmen und weitergeben, (und vermutlich den ganzen Rest des Ökosystems Wald) kann die *Monotropa uniflora* nicht leben.

In ähnlicher Form beherrschen aber auch photosynthetische Pflanzen diverse Tricks, um möglichst viel Sonnenenergie aufzunehmen. Zum Beispiel können sie wie bewegliche Sonnenkollektoren ihre Blätter der Sonne zuwenden. Sie können stärker wachsen, um einer entfernten Lichtquelle zuzustreben (manche »langbeinige« Pflanzen haben enorm lange Stängel, weil ihre Endblätter unbedingt passendes Licht erreichen wollen). Und sie können ihre sonnenverwertenden Organellen in den Blättern sogar verschieben, um möglichst viel Licht zu bekommen. Licht ist für eine Pflanze so wichtig, dass sie ihr Wachstum der Lichtintensität, Lichtqualität, Lichtmenge und sogar den Zeiträumen des Lichteinfalls anpasst. Daher ist Licht das A und O, wenn man Pflanzen im Haus halten will.

ZU VIEL DES GUTEN

Manche Menschen meinen vielleicht, dass mehr Licht automatisch besser ist, weil die Pflanzen sich damit besser ernähren können, doch das ist keineswegs immer der Fall. Natürlich können auch Pflanzen zu viel Sonne bekommen, und manche Arten nehmen von den UV-Strahlen schneller

Schaden als andere. Pflanzen aus heißen, unbarmherzigen Klimazonen haben sich so angepasst, dass sie ihre Lichtaufnahme minimieren oder ihre Zellen vor zu intensiver Sonneneinstrahlung schützen können. Typische Merkmale dafür sind reflektierende Blätter mit einer dicken Wachsschicht, weiße wollige Härchen, die Erzeugung einer natürlichen Barriere über Anthocyanine (Pflanzenfarbstoffe, die dem Melanin in unserer Haut ähneln) und vieles mehr. Zu den sonnenunempfindlicheren Pflanzen zählen *Mammillaria*, *Echeveria*, *Crassula*, *Opuntia* und *Tephrocactus*.

Wenn du also das nächste Mal eine Pflanze kaufst, wirf doch einen Blick auf ihre Blätter und Stängel und auch auf die Form und stell dir vor, aus was für einer Umgebung sie kommt. Und ehe du die gewünschte Pflanze einpackst, denk auch an die Lichtverhältnisse in deiner Wohnung, deinem Haus oder deinem Zimmer. Und dann sieh noch einmal genau hin, was zur Wahl steht. Falls die Pflanzenbeschreibung im Gartenmarkt nichts über die erforderliche Beleuchtung aussagt, frag das Verkaufspersonal oder einen Gärtner.

WASSER MARSCH?

Dass Pflanzen Wasser brauchen, liegt auf der Hand. Wie oft eine Zimmerpflanze gegossen werden will, hängt in erster Linie davon ab, ob sie reichlich passendes Licht bekommt.

Es sind aber auch andere Faktoren im Spiel, darunter die Pflanzenart, die Luftfeuchtigkeit oder die Durchlässigkeit des Substrats.

Manche Pflanzen – wie Farne – brauchen mehr Wasser als andere. Wenn du dich für eine robuste Wüstenpflanze wie einen Kaktus entscheidest, weil du leicht das Gießen vergisst, solltest du bedenken, dass selbst diese zähen Pflanzen wie die meisten Kakteen und Sukkulenten gelegentlich Wasser benötigen. Als mein Freund und Kollege Allan Schwarz (der bereits erwähnte Architekt und Waldschützer aus Mosambik) mich besuchte, staunte er über meine *Lithops*-Sammlung. Diese kieselartigen Sukkulenten standen in khakifarbenen Kaffeebechern bei mir auf der Fensterbank. Domestizierte *kaitjie-kloukie,* wie er sie nannte, hatte er noch nie gesehen. (Auf Afrikaans bedeutet diese Bezeichnung »Katzenpfötchen«, weil die Pflanzen den weichen Fußballen eines Kätzchens ähneln.) Und dann erzählte er mir, wie er diese Pflanzen während seines Militärdienstes in Südafrika zum ersten Mal wahrgenommen hatte.

In den 1980ern war er in Namaqualand stationiert, einer ungastlich trockenen Region in Namibia und Südafrika. Dort regnet es nur spärlich, aber als er seinen Dienst absolvierte, war gerade ein seltener, hochwillkommener Regenschauer durchgezogen. Am nächsten Morgen fiel ihm während der Übungen ein scheinbar bunter glatter Stein auf. Er wollte ihn aufsammeln, stellte jedoch fest, dass der »Stein« kein Stein war, sondern eine fest verwurzelte Pflanze. Danach entdeckte er noch weitere, die sich über die ganze Wüste verteilten. Sein Sergeant, Navarre, ein Richter in einer ländlichen Gegend von Südafrika, kannte *Lithops.* Er erklärte Allan, dass das bisschen Wasser ausgereicht hatte, um die Pflanze in den strahlendsten Farben hochkommen zu lassen.

Eine Pflanze besteht zu 80 bis 95 Prozent aus Wasser – so wichtig ist Wasser für ihr Überleben. *Lithops* braucht zwar wenig Wasser, aber doch hin und wieder ein paar Spritzer. *Alle* Pflanzen brauchen Feuchtigkeit. Sogar *Syntrichia caninervis,* ein Wüstenmoos mit winzigen, schnurrhaarartigen Fasern an den Blattspitzen, hat sich darauf eingerichtet, winzige Nebeltröpfchen einzufangen und diese zu seinen Blättern zu leiten. Nur mit Wasser können Pflanzen ihre Zellaktivität aufrechterhalten, ihr weiches Gewebe bilden, sich kühl halten, Nährstoffe und Sauerstoff transportieren und vieles mehr.

Epiphyten wie manche *Tillandsia*-Arten (»Luftwurzler«) klammern sich an alles andere als Erde, an Bäume wie an Telefonkabel, brauchen aber dennoch Feuchtigkeit aus der Atmosphäre für ihre Blätter. Und was die meisten Wirtspflanzen belasten würde, erweist sich hier als Vorteil: Bäume mit Epiphyten genießen die kühleren Temperaturen und verdunsten bis zu 20 Prozent weniger Wasser als Bäume ohne Epiphyten, sodass Epiphyten für ihren Wirt, dem sie Feuchtigkeit und Kühlung spenden, eher Freunde als Schmarotzer darstellen.[28]

Nicht nur manche Pflanzen hängen für den Wasserhaushalt voneinander ab, sondern auch Menschen verlassen sich auf die Luftbefeuchtung durch die Pflanzen. Sobald diese über ihren Wurzelbereich das Wasser aufgesaugt haben, »atmen« sie es über die Blätter wieder aus, steuern zehn Prozent der Luftfeuchtigkeit in der Atmosphäre bei und sind somit ein Bestandteil aller Kreisläufe auf der Erde.

Auch mit sehr trockenen Phasen kommen Pflanzen noch zurecht. Sie sind zwar fest ans Land gebunden, suchen unter der Erde jedoch aktiv nach den ersten Hinweisen auf Regen. In gut funktionierenden Ökosystemen setzen bestimmte Pflanzen in Dürreperioden eine Art »Hydrauliksystem« ein: Über Nacht ziehen ihre Wurzeln Wasser aus tiefen Bodenschichten nach oben und schleusen es zu den flacheren Wurzeln in den oberen Erdschichten. Dieser Vorgang fördert nicht nur das Leben der Pflanzen, die diese schwere Leistung vollbringen, sondern lindert zugleich die Auswirkungen der Dürrezeit auf ihre Nachbarn.[29] So bleibt die ganze Gegend stabil und funktionsfähig. Die meisten Pflanzen gehen sogar freundschaftliche Beziehungen zu anderen Bodenorganismen ein, um einen kleinen Vorteil herauszuschinden, indem sie ihre Wurzeln und Wurzelhärchen mit dem Myzelgeflecht von Pilzen verbinden, um mehr Feuchtigkeit und Nährstoffe speichern zu können, oder indem sie in ihren Wurzelknöllchen stickstoffbindende Bakterien beherbergen. Denn Stickstoff zählt beim Pflanzenwachstum zu den begrenzenden Nährstoffen, und die Bakterien erhöhen seine Bioverfügbarkeit.

WOZU BRAUCHEN PFLANZEN WASSER?

Wasser erfüllt im Leben einer Pflanze physiologisch viele Aufgaben. Unter anderem ist es an Wachstum und Stoffwechsel beteiligt. So wie wir Menschen Wasser als Transportweg nutzen (zum Beispiel die Flüsse), dient das Wasser, das durch eine Pflanze strömt, als Bindeglied zwischen Boden und Himmel und wieder zurück. Dadurch sind Pflanzen dazu in der Lage, viele anorganische Elemente der Natur wie Kalzium oder Magnesium in organische Materie umzuwandeln, die wir dann wiederum als »Nährstoffe« zu uns nehmen, weil auch wir sie brauchen. (Grünes Blattgemüse und Hülsenfrüchte enthalten reichlich Kalzium für gesunde Knochen; Nüsse, Samen und grünes Gemüse sind gute Magnesiumquellen, und Magnesium benötigt der Körper für über 300 biochemische Reaktionen.) Über 80 Prozent der Moleküle in einer Pflanze gelangen mit dem Wasser in sie hinein. Die restlichen 20 Prozent erzeugt die Pflanze selbst und verwertet dafür diese anorganischen Elemente. Diese Umwandlung von anorganischen Mineralstoffen zu organischen Nährstoffen wird durch Wasser ermöglicht, das die Wurzeln und das pflanzliche Gewebe durchströmt, und das alles wird über den osmotischen Druck gesteuert, der auch den sogenannten Turgor in der Pflanze erhält und sie aufrecht stehen lässt.

PFLANZEN »ATMEN« UND »SCHWITZEN«

Fossile Funde beweisen, dass Pflanzen schon seit vielen Millionen Jahren Spaltöffnungen, sogenannte *Stomata*, besitzen. Diese Stomata spielen eine entscheidende Rolle für die Steuerung von zwei elementaren Prozessen, der Photosynthese und der Transpiration. Die meisten Stomata befinden sich auf Blättern, es gibt sie aber auch je nach Pflanzenart in Früchten, Blüten, Stängeln und sogar den Wurzeln. Bei Albinopflanzen, die oftmals nur für Sammler gezüchtet werden, sind die Stomata in der Regel nicht funktionsfähig. Deshalb sollten Sie bei einer entsprechenden Art darauf achten, ein Exemplar mit nicht zu vielen weißen Blättern zu wählen, denn weiße Blätter beschränken sowohl die Photosynthese als auch die Transpiration. Es sind die grünen Blätter, die eine Pflanze am Leben erhalten. Das ist ein Hauptgrund, warum man in der Wildnis üblicherweise nicht viele farblose Mutanten sieht. Sie wachsen einfach nicht so gut.

Voll funktionstüchtige Stomata hingegen gestatten die Diffusion von Kohlendioxid aus der Luft und die Freisetzung von Sauerstoff. Sie ermöglichen aber auch die *Transpiration*, bei der die Pflanze Wasserdampf freisetzt. Das dient der Kühlung, genau wie Schwitzen den Menschen kühlt. Bei Pflanzen werden allerdings mindestens 90 Prozent des Wassers über Transpiration abgegeben, weshalb Wohnungen mit vielen Zimmerpflanzen (wie meine) feuchter sind.

Nun fragst du vielleicht, welchen Sinn es hat, wenn die Pflanze so viel Wasser ausscheidet, wo dieses Wasser für ihr Leben doch so kostbar ist. Auf Makroebene ist die Transpiration ein wichtiger Teil des irdischen Wasserkreislaufs und der Klimastabilität. Zugleich erhält sie die passenden Umweltbedingungen, in denen eine Pflanzengemeinschaft insgesamt überleben kann. Der Austausch von Wasserdampf zwischen Blatt und Atmosphäre hat Einfluss auf das lokale Klima und über diese Zwischenstation auch auf das regionale und globale Wetter und Klima. Die verschiedenen

Pflanzen im Ökosystem Wald tragen gemeinsam dazu bei, ihre bevorzugten Überlebensbedingungen zu erhalten. Das ist einer der Gründe, weshalb man Zimmerpflanzen gern so gruppiert, dass sie für die feuchtigkeitsliebenden Arten selbst mehr Luftfeuchtigkeit erzeugen. Pflanzengruppen transpirieren gemeinsam.

Wie wichtig die Transpiration für ein natürliches Ökosystem und seine Pflanzen ist, konnte ich persönlich beobachten, als ich 2005 auf die Karibikinsel Antigua reiste. Ursprünglich hatte diese Tropeninsel, als sie noch zu den am stärksten bewaldeten Inseln der Karibik zählte, ein nachvollziehbares Lokalklima. Doch während der Kolonialzeit wurden die Regenwälder gerodet, um Zuckerrohr anzubauen. Das Klima wurde heißer und trockener, und es regnete viel seltener als vor der Rodung der Wälder.

Tatsächlich erzeugen Pflanzen selbst die Umgebung, in der sie gern leben möchten. Der große Regenwald des Amazonas gibt Wasser in die Atmosphäre ab und lässt es wieder abregnen, um die passenden Klimabedingungen für sich zu erschaffen. Die Hydraulikfunktion der Baumwurzeln wässert auch andere Pflanzen in ihrem Umkreis und erzeugt so eine stabile Umwelt. Wird ein Teil des Waldes gefällt und der Wasserkreislauf unterbrochen, so beeinträchtigt dies nicht nur den Wald, sondern kann auch in anderen Teilen der Welt eine Dürre herbeiführen, wie man es zum Beispiel in São Paulo und den südlichen USA beobachtet. Laut einem Bericht von Antonio Nobre vom brasilianischen Earth System Science Center, einem der führenden Experten für Klimamodelle des Amazonas, könnte ein Rückgang des Regenwalds um 40 Prozent eine Versteppung auslösen und damit auch intakte Wälder absterben lassen, die noch nicht gefällt wurden.[30]

Große Wälder sind mehr als eine Ansammlung von Pflanzen, die zum Makro- und Mikroklima beitragen. Schon ein Mikrokosmos Moose auf einem Waldweg kann die Luftzirkulation herabsetzen, um die nötige Feuchtigkeit zu erhalten, die das Moos grün und elastisch erhält. Das Leben sorgt auf phänomenale Weise dafür, dass es weitergeht, und sehr oft arbeitet es dabei mit Artgenossen und auch artübergreifend zusammen.

Das Wissen, dass Pflanzen das Lokalklima so verändern können, dass es eher ihren Bedürfnissen entspricht, zeigt, wie nachhaltig Pflanzen unsere Umgebung formen. Es zeigt aber auch, wie wir diese Umgebung und damit letztlich auch uns selbst beeinflussen. Vielleicht können wir von unseren nur scheinbar passiven, aber unglaublich proaktiven grünen Freunden eine Lektion annehmen: Auch wir erschaffen durch unsere Energie, unsere Einstellung und unsere Alltagsentscheidungen die Gemeinschaft und die Welt, in der wir leben wollen.

Mehr Verständnis dafür, wie und warum Pflanzen auf ihre Weise funktionieren, kann ein tieferes Verständnis und eine engere Beziehung zu deinen Pflanzen fördern, weil es dich in die Lage versetzt zu begreifen, was sie sich von dir wünschen. So kannst du begreifen, inwiefern sie sich an ihre Umgebung (zum Beispiel ein kühles Nordfenster) anpassen können – oder auch nicht.

PFLANZEN UND ERDE

Für eine lebendige Partnerschaft gibt es womöglich kein besseres Beispiel als die Beziehung zwischen den Wurzeln einer Pflanze und der Erde, in der sie lebt. Erde erfüllt viele Zwecke und dient häufig dem Schutz der tastenden Wurzeln. Sie hält eine Pflanze gut verankert und aufrecht, fungiert als Nährmedium, trägt dazu bei, dass die Wurzeln Luft und Wasser bekommen, und stellt ein reichhaltiges Ökosystem bereit, das auch Mikroben und Myzel enthält.

Wenn wir an Erde denken, ist uns häufig nicht bewusst, dass der Boden lebendig ist, aber genau das ist der Fall. Doch viel von diesem reichhaltigen Leben bleibt unserem Blick verborgen. Da die meisten kein schickes Elektronenmikroskop zur Verfügung haben, mit dem sie die wahren Dimensionen einer Handvoll Erde ausloten können, dürfte der Gedanke »Ich glaube nur, was ich sehe« hier unangebracht sein. Denn unter dem Mikroskop wimmelt es in gesundem Mutterboden vor Bakterien, Archaeen, Pilzen, Fadenwürmern und Urtierchen.

Schon ein Teelöffel gesunde Walderde (etwa vier Gramm) kann zwischen 100 Millionen und eine Milliarde Bakterien enthalten, die für das Kohlenstoff- und Stickstoffrecycling unerlässlich sind.[31] Derselbe Teelöffel Erde kann 1,6 bis 64 (!) Kilometer Pilzfäden (Hyphen), Hunderttausende Urtierchen und Hunderte an Fadenwürmern in sich bergen, ganz zu schweigen von Nährstoffen und Blattresten.[32] All dies unterstützt die Gesundheit einer Pflanze und ihrer

Nachkommen.[33] Bakterien und Archaeen können dazu beitragen, Nährstoffe für die Pflanze freizusetzen. Mycorrhizapilze können die Nährstoffaufnahme verbessern, tragen zur Resistenz gegen Krankheitserreger bei und helfen, Stress abzufedern. Außerdem kann die Pflanze über die Rhizosphäre, die Schnittstelle zwischen Wurzeln und Erde, Luftschadstoffe und deren flüchtige organische Substanzen wie Benzol und Formaldehyd aufnehmen und unschädlich machen. Hinzukommt, dass Wurzeln auch im dunklen Untergrund ständig in Bewegung sind und kommunizieren. Sie können sogar eigene flüchtige, organische Substanzen ausscheiden, um eine Pflanze vor Krankheitserregern zu schützen, und so zum Schutz ihrer Gesundheit beitragen.[34]

Topfpflanzen sind von einer solchen Umgebung leider abgeschnitten. Und wenn wir uns Erde von draußen holen und diese in Töpfe füllen, würde sie unter diesen Bedingungen ganz anders reagieren und könnte der Pflanze sogar schaden. Deshalb müssen wir häufig auf sterile Zimmerpflanzenerde zurückgreifen und den Boden schrittweise aufbauen, indem wir beispielsweise erwünschte Mikroben, Mykorrhiza und Nährstoffe hinzufügen und die Erde mit zunehmendem Alter vielleicht sogar belüften. Pflanzen mit einem gut durchlässigen Substrat zu versehen ist besonders wichtig, weil die Wurzeln nur so genug Sauerstoff erhalten.

Natürlich gäbe es noch viele weitere Elemente, von denen Pflanzen profitieren können, darunter Temperatur und Luftzirkulation (auf die ich in meiner *Houseplant Masterclass* online näher eingehe). Wenn du jedoch die drei Grundelemente – Licht, Wasser, Erde – im Blick behältst, kannst du deine Rolle im Leben deiner Pflanzen bereits neu bewerten. Falls du vor der Anschaffung deiner ersten Zimmerpflanze stehst, wäre der nächste Schritt, eine zu finden, die zu dir und deiner Wohnung passt. Behalte die bisherigen Informationen im Kopf, wenn du deine Pflanzen wählst und ihr Umfeld herrichtest. Beobachte, wie sie auf den vorgesehenen Standort reagieren, und überlege dir, was sie dort vielleicht noch brauchen könnten oder ob sie von etwas zu viel bekommen, zum Beispiel, weil die Erde zu viel Wasser speichert und die Wurzeln ersticken.

Ein guter Pflanzenbeobachter wird man am leichtesten, wenn man einen Tag in der Woche ganz für die eigenen Pflanzen reserviert. Ich empfinde dieses Ritual als lebensbejahende Seelennahrung und damit als ebenso wichtig für mich wie für meine Pflanzen. Das ist mein Sonntag, auf den ich mich richtig freue. Natürlich achte ich auch an den anderen Wochentagen auf meine Pflanzen und streife häufig morgens durch die Zimmer, um zu gießen und Verblühtes oder trockene Blätter abzuzupfen. Doch dieser eine Tag, der ganz meinen grünen Freunden gewidmet ist, macht ihre Pflege weniger zur Alltagspflicht, sondern zu einer wahren Freude. Außerdem kann ich meine Pflanzen so genauer im Blick behalten und positive oder negative Veränderungen registrieren. Vieles von dem, was ich über die Jahre dabei gelernt habe, gebe ich nun weiter – also mach dich auf und pflanze!

1. **Das richtige Licht.** In welche Himmelsrichtung weist dein Fenster? Wenn du dir nicht sicher bist, beobachte, wo die Sonne auf- und untergeht. Die meisten Smartphones haben zudem eine Kompassfunktion, mit deren Hilfe man die genaue Ausrichtung der Fenster ermitteln kann. Wann fällt Licht in dein Zuhause? Vielleicht bekommst du vor allem sanftes Morgenlicht. Oder eher heißes Nachmittagslicht. Wie lange scheint die Sonne auf dein Haus? Ändert sich die Lichtintensität je nach Jahreszeit? Sobald du die Ausrichtung, die Qualität und die Menge des Lichts kennst, das in deine Zimmer gelangt, kannst du überlegen, welche Pflanzen unter diesen Bedingungen optimal gedeihen.

2. **Durch Beobachten feststellen, was eine Pflanze braucht.** Beim nächsten Besuch im Gartenmarkt solltest du dir die Pflanzen dort genauer ansehen. Wähle eine aus und prüfe, ob du intuitiv erkennen kannst, woher sie stammt und welche Bedingungen sie bevorzugt. Sind die Blätter fein und spitz zulaufend? Oder dick und prall? Sind sie grün und glänzend oder eher grau und pelzig? Hat die Pflanze dicke Wurzeln, eine Zwiebel oder ein feines Wurzelgeflecht? All diese Merkmale verraten mehr über sie und helfen, aufmerksamer auf Pflanzen einzugehen.

3. **Mach es euch gemütlich.** Sobald du herausgefunden hast, welche Pflanze optimal zu deinem Standort passt, solltest du sie an den Ort stellen, der ihr am meisten entspricht. Und dann beobachte sie zwei Wochen lang. Wie reagiert sie auf diesen Platz? Strebt ihr Stängel dem Fenster zu? Werden die Blätter größer? Wenn sie nicht so gut reagiert, kannst du sie vielleicht woanders hinstellen und prüfen, wie es ihr dort ergeht. Manchmal muss man eine Weile herumprobieren, bis der beste Standort ermittelt ist.

Wenn man sich mit Pflanzen noch gar nicht auskennt, können Einsteigertipps für die eigene Wohnung und Lebensweise eine echte Hilfe sein. Betrachte diese Empfehlungen bitte als allgemeinen Wegweiser, der dir mehr Sicherheit vermitteln soll.

Ich habe eine sehr sonnige Fensterbank → Ich nehme es mit der Pflanzenpflege nicht so genau → Kakteen und die meisten Sukkulenten [zum Beispiel ***Opuntia, Mammillaria, Astrophytum, Echeveria***]

Ich habe eine sehr sonnige Fensterbank ➜ Ich kümmere mich aufmerksam um meine Pflanzen ➜ Kräuter und bestimmte blühende Pflanzen [zum Beispiel **Ocimum, Rosmarinus, Mentha, Pelargonium]**

Ich habe teilweise direktes Sonnenlicht ➜ Ich habe Platz für eine größere Pflanze ➜ **Ficus elastica, Ficus lyrata**

Ich habe teilweise direktes Sonnenlicht ➜ Ich habe Platz für eine mittelgroße Pflanze ➜ **Sansevieria [Dracaena]** oder **Dracaena**

Ich habe teilweise direktes Sonnenlicht ➜ Ich kann eine Hängepflanze unterbringen ➜ **Tradescantia**

Ich habe teilweise direktes Sonnenlicht ➜ Ich habe Platz für eine kleine Pflanze ➜ **Saintpaulia**

Ich habe ein helles Fenster mit wenig direkter Sonne ➜ Ich habe Platz für eine größere Pflanze ➜ **Monstera deliciosa** oder **Schefflera**

Ich habe ein helles Fenster mit wenig direkter Sonne → Ich habe Platz für eine mittelgroße Pflanze → **Bromelie** oder **Spathiphyllum**

··················

Ich habe ein helles Fenster mit wenig direkter Sonne → Ich kann eine Hängepflanze unterbringen → **Scindapsus** oder **Epipremnum** oder **Philodendron**

··················

Ich habe ein helles Fenster mit wenig direkter Sonne → Ich habe Platz für eine kleine Pflanze → **Peperomia**

··················

Ich habe indirektes Licht oder gar keine Sonne im Fenster → Ich nehme es mit der Pflanzenpflege nicht so genau → **Aglaonema** oder **Aspidistra**

··················

Ich habe indirektes Licht oder gar keine Sonne im Fenster → Ich kümmere mich aufmerksam um meine Pflanzen → **Adiantum, Asplenium** (oder andere Farne) oder **Maranta**

8

DEIN GANZ PERSÖNLICHES GRÜNES REICH

Wenn wir vergessen, wie man in der Erde gräbt
und den Boden pflegt, vergessen wir uns selbst.

– Mahatma Gandhi

Wer die Schönheit der Erde betrachtet, entdeckt Kraftreserven,
die ein Leben lang anhalten. Es liegt etwas unendlich Heilsames
in den wiederkehrenden Rhythmen der Natur – die Sicherheit,
dass nach der Nacht der Morgen dämmert und nach dem
Winter der Frühling naht.

– Rachel Carson

• • • • • • • • • • • •

*»Mir die Zeit für meine Pflanzen zu nehmen ist für mich
besonders in den Wintermonaten auch Selbstfürsorge.
Ohne meine Pflanzen würde ich mich in meiner Wohnung
nicht zu Hause fühlen.«*

– Rachael

Als ich vor über zehn Jahren in Williamsburg in einer Zweier-WG wohnte, gab es dort kaum Pflanzen. Um ehrlich zu sein, wusste ich nicht einmal, wie lange ich in der Stadt bleiben würde, als ich hierherzog, sodass Pflanzen erst einmal nachrangig waren.

14 Jahre später habe ich nun in Brooklyn Wurzeln geschlagen, habe ein schönes, altes Apartment in einem Stahlbetonbau aus der Nachkriegszeit entkernt und ein enges Netz an Freunden aufgebaut. Wer mir auf Instagram folgt, meine YouTube-Videos kennt oder gar an meiner Masterclass oder anderen Workshops von mir teilgenommen hat, dürfte wissen, dass meine ganze Wohnung voller Pflanzen steht. Das sieht schön oder zumindest friedlich aus, und vielleicht befürchtest du, nie selbst so eine Oase erschaffen zu können. Doch ich kann dir versichern, dass es bei mir keineswegs immer so aussah wie jetzt. Es hat eine Weile gedauert, bis mein Stadtdomizil irgendwann mein ganz persönliches grünes Reich wurde, und dafür bin ich meiner

Intuition und meiner Neugier gefolgt und habe viel herumexperimentiert.

In meiner ersten eigenen Wohnung brauchte ich Monate, ehe ich nicht mehr die meiste Zeit allein in meinem Zimmer saß. Aber irgendwann fühlte ich mich sicherer. Ich erkundete die einzelnen Räume, prüfte mit dem Finger, wie staubig die Fensterbänke waren, und stellte die Möbel um. Ich wollte eine offenere Atmosphäre, deshalb schob ich die Betten in die Ecke und warf den Beistelltisch und den zweiten Schreibtisch raus. Auch den klobigen Fernseher aus den 1990ern, der hinter einem japanischen Wandschirm stand, verschenkte ich (den Wandschirm behielt ich, und er wurde zur perfekten Rankhilfe für eine Efeutute – *Epipremnum aureum*). So kam eins zum anderen und geschah, sobald ich dafür bereit war.

Diese zunehmenden Veränderungen fanden statt, als ich Gewohnheiten und Rituale entwickelte, auf die ich in diesem Kapitel genauer eingehen will. Es ist verführerisch, Trends aufzugreifen und sich plötzlich zum »Pflanzenliebhaber«, »entschiedenen Veganer« oder Mitglied der »konsequenten Müllvermeider« zu erklären, um sich bedeutsamer zu fühlen. All das kann gut sein, aber eine gesunde, ausgeglichene Denkweise beginnt in Wahrheit mit etwas weniger Greifbarem, das jedoch weitaus mächtiger ist, nämlich einem Beobachterstatus. Mir selbst haben die Pflanzen und meine ganz eigenen Pflegerituale geholfen, mich achtsam in meine Umgebung einzubringen – und in einer Stadt zur Ruhe zu kommen, die für ein langsameres Tempo wenig übrighat.

Mein Leben um die Natur herum zu organisieren hat

dazu beigetragen, dass ich mich in einer zunehmend wurzellosen Welt im wahrsten Sinn des Wortes geerdet fühle. Bis vor wenigen Jahren gab es in meiner Nachbarschaft noch eine Werkstatt, in der alte Möbel restauriert wurden, zwei holzverarbeitende Betriebe und eine etwas modernere Schlosserei. Inzwischen sind dort eine Sportbar, ein hipper Coffee-Shop, eine Zahnarztpraxis und ein Pflanzenladen eingezogen (in dieser Reihenfolge). Meine Umgebung samt ihrem Tempo hat sich also verändert, seit ich hierherkam, doch meine täglichen Rituale mit den Pflanzen bleiben immer gleich. Das vermittelt mir ein echtes Heimatgefühl.

Mein Apartment mit den Pflanzen ist keineswegs perfekt. Es gibt immer wieder Probleme mit den Wasserrohren, die Fenster lassen sich schwer öffnen und schließen, und sie ist garantiert nicht isoliert, so eisig, wie der beharrliche Winterwind durch die Räume zieht. Aber es ist mein ganz eigenes grünes Reich, das mir eine spirituelle und emotionale Klarheit vermittelt, die ich überallhin mitnehme. In diesem Kapitel verrate ich, wie das auch dir gelingen kann.

RITUALE RUND UM DEN GARTEN

Die japanische Gartenkunst ist zwar stark von traditionellen chinesischen Gärten beeinflusst, hat aber unter dem Einfluss der Topographie und Landschaft des Landes ihren ganz eigenen Stil entwickelt. Das im elften Jahrhundert erschienene Buch *Sakuteiki* ist die früheste bekannte Abhandlung zur Gartenkunst und für Gartenarchitekten bis heute von

Bedeutung. Die Harmonie oder Asymmetrie eines Gartens, die Strenge, mit der die Steine und die verschiedenen Gestaltungselemente gesetzt werden, und die Art, wie der Weg fortschreitet oder unterbrochen wird, stecken voller Symbolkraft und sind von wohlüberlegter Bedeutung. Natürlich kann man auch achtlos durch einen japanischen Garten schlendern, weil wir nie gelernt haben, seine tieferen Bedeutungsschichten zu erfassen. Vielleicht bemerken wir nur eine ungewöhnliche Kiefer oder eine Lotusblüte. Doch oftmals zielt das Design solcher Gärten darauf ab, ihre Besucher zum Schauen zu verführen und zu tiefcrcm Nachdenken anzuregen.

Der Teegarten ist mit seiner Symbolik ein Paradebeispiel dafür. Oft ist der Weg zum Teehaus Pilgerwegen durch die Berge nachempfunden, und die Pflanzen, die ihn zieren, sollen genau dies vermitteln. Tore oder Türen zum Teehaus waren häufig sehr niedrig, damit man sich beim Eintreten bücken musste – ein Akt der Demut und ein Symbol dafür, dass man die materielle Welt abstreift und sich auf eine Zeit der Innenschau, Kontemplation und Bewusstseinserweiterung einlässt. Zeremonien zu entdecken und die kleinen Momente des Lebens zu würdigen bringt tief in uns etwas zum Klingen. Wer das begreift, hält den Schlüssel zu einem erfüllteren Leben in der Hand, wie wenig er auch besitzt.

Genau dafür nutze ich den Sonntag. Der Sonntag ist mir heilig, denn das ist der Tag, den ich ganz meinen Pflanzen widme. Am Sonntag kann ich umtopfen, gießen, Stecklinge nehmen und all den anderen erfreulichen Aufgaben der Pflanzenpflege nachgehen. Dabei lasse ich mich ungern hetzen, denn zu diesem Zeitpunkt möchte ich achtsam beobachten können. Das ist der Hauptgrund, weshalb ich sonntags selten Veranstaltungen besuche.

Für mich ist der Sonntag »Meditation in Bewegung« und damit frei von Gedankenkarussell und Sorgen. Dieses Ritual gestattet mir, spirituell, emotional und körperlich von der Pflanzenpflege zu profitieren. Der große japanische Zen-Mönch Hakuin Ekaku sagte: »Meditation inmitten von Aktivität war viel besser als Meditation in der Stille«, und für mich stimmt das, ganz besonders in Bezug auf meine Pflanzen. Vielen anderen Pflanzenfreunden geht es ähnlich:

 »Wenn ich stark unter Stress stehe und mir bewusst Zeit nehme, meine Pflanzen aufmerksam zu versorgen, ihre Bedürfnisse zu erfüllen und jeden neuen Trieb zu würdigen, spüre ich, wie ich zur Ruhe komme. Vor meinem kleinen Pflanzendschungel im Wohnzimmer auf dem Boden zu sitzen und sie zu betrachten, ist so tröstlich und wird mir nie langweilig. Seit kurzem habe ich auch einen Garten im Freien, und die körperliche Arbeit, diesen Garten zu bestellen, hat eine ähnliche meditative und beruhigende Wirkung. Es ist so befriedigend.«
– Jessica

 »Wenn ich meine Pflanzen umsorge, bin ich ganz gelassen. Es ist wie ein Ritual, wie eine Meditation, die mir tiefe Entspannung vermittelt. Ich kann mir nicht mehr vorstellen, ohne sie zu leben.«
– Sarah A. @clandestine_thylacine

»Vor kurzem musste ich ein unerwartetes Gesundheitsproblem und einen persönlichen Verlust bewältigen, der mich hart getroffen hat. Immerhin kam ich noch von der Couch hoch, um die Pflanzen zu gießen. Das war ein kleiner Schritt, aber ich erinnere mich gut an den kurzen Gedanken hinterher: Das hast du geschafft. Dieser Anstupser half mir, wieder aus meinem Schneckenhaus zu kommen und wenigstens den Briefkasten zu leeren. Auf dem Weg dorthin bemerkte ich, dass meine duftenden Astern und die pinkfarbene *Muhlenbergia* blühten. Ich ging näher heran, und plötzlich umflatterten mich fünf Monarchfalter, und da wurde mir klar, dass für diese Schmetterlinge gerade die Zeit der Wanderschaft anbrach. Ich ging immer häufiger nach draußen, um zu sehen, wie viele Schmetterlinge da waren, denn ich wollte sie fotografieren. Hin und wieder fällt mir ein Unkraut auf, dass ich auszupfe. Eine Stunde später bin ich immer noch im Freien und sehe eine Hummel im Salbei summen. Die Achtsamkeit, die durch den Aufenthalt im Garten genährt wird, hat meine Heilung unterstützt. Gartenarbeit erdet gut und hilft mir, mehr im Augenblick und ganz in meinem Körper zu leben.«
– Susan Morgan

»Ich spiele klassische Musik und muss viel drinnen sein und üben. (…) Pflanzen helfen mir, eine ruhige Atmosphäre zu erzeugen, in der ich mich gut konzentrieren kann. Ich habe extra ein paar Pflanzen vor

meinen Übungsplatz gestellt, damit ich nicht in Versuchung komme, aufzustehen und etwas anderes zu machen.«
– Marissa Takaki

Dass ich mich so regelmäßig um meine Pflanzen kümmerte, ging erst los, nachdem meine Mitbewohnerin aus unserem Apartment ausgezogen war. Anschließend verkaufte ich einen Großteil unserer Möbel, und plötzlich war es überall sehr leer – so leer, dass die nackten Ziegelwände ein Echo zurückwarfen, wenn ich laut genug sprach. Ich wollte eine Pflanze, die groß genug war, die Leere zu füllen, aber nicht so groß, dass ich nicht in der Lage wäre, sie nach oben zu schleppen, denn die meisten alten Lofts haben keine Fahrstühle.

Meine erste neue Zimmergenossin erwarb ich in dem Pflanzengeschäft Sprout Home in meiner Nachbarschaft. Es war eine Geigenfeige *(Ficus lyrata),* die ursprünglich in Westafrika beheimatet ist, wo sie in den tropischen Regenwäldern des Tieflands wächst. Inzwischen ist sie mit ihrem statuenhaften Aussehen zum Standardbaum der Lobbys jener Glaspaläste avanciert, die in meinem Umfeld immer häufiger werden.

Ich stellte das Bäumchen in meinem damaligen Schlafzimmer (das heute mein Arbeitszimmer ist) zwischen die beiden Fenster nach Südwesten. Das war perfekt. Wenn das Sonnenlicht durch die Blätter fiel, erzeugte es einen himmlischen goldgrünen Schein, der sich gleichermaßen vertraut wie mystisch anfühlte. Wie bei jeder neuen Pflanze stellte ich auch den *Ficus* nicht einfach nur dort ab und machte weiter wie bisher. Ich genieße diesen Augenblick, in dem ich dieses andere atmende, lebende Wesen bewundere, das da bei mir eingezogen ist. Schließlich ist es jetzt dazu da, dass ich es bestaune und versorge, damit es seinerseits mich versorgt, indem es die Luft reinhält, mich zur Ruhe kommen lässt und buchstäblich das uralte biologische Bedürfnis anzapft, sich mit der Natur verbunden zu fühlen.

Dieser letzte Punkt ist sehr wichtig und vielleicht der Hauptgrund, warum ich die Welt der Pflanzen erforsche und dieses Buch geschrieben habe. Wer sich für das Leben in der Stadt entschieden hat, ein Leben in Innenräumen und zwischen gepflasterten oder betonierten Gehwegen und Asphaltstraßen, braucht die eigene grüne Oase wohl am dringendsten – ob im Freien, zu Hause oder im Herzen. In Anlehnung an Tamas Aussage zu den »kriegsgefangenen Pflanzen« möchte ich behaupten, dass wir uns selbst in Ketten legen – fern von unserem Garten Eden. Und ich muss keine brandneuen Studien zitieren, weil du es fühlst und weil ich es sehe, wann immer jemand mein Zuhause betritt. Im stillen, suchenden, beharrlichen Wesen der Pflanzen liegt etwas verborgen, das uns auf einer sehr tiefen Ebene unendlich glücklich macht. Selbst wenn der Tag nicht drückend heiß ist, gehen die meisten Menschen lieber durch eine Allee als durch eine Straße ohne jegliches Grün. Wir fühlen uns dorthin gezogen, weil die Allee schön ist, friedlich und aufbauend.

An meine zweite Zimmerpflanze erinnere ich mich nicht, doch ich glaube, das ist inzwischen auch nicht mehr so wichtig. Seit dem Kauf des ersten Exemplars – das zweifellos ein äußerliches Symbol für meinen Wunsch darstellte, der Natur nahe zu sein, während ich im »Großstadtdschungel« das tat, was mir wichtig war – hat sich bei mir eine Art Indoor-Ökosystem entwickelt. Ich sage oft, dass ich nur deshalb so lange in dieser Stadt überleben konnte, weil ich mir die Natur ins Haus geholt und ein eigenes Ritual für meine Pflanzen ersonnen habe. Heute fühlen sich meine Pflanzen in diesen vier Wänden genauso zu Hause wie ich. Sie haben hier buchstäblich Wurzeln geschlagen. Genau wie ich.

Als meine Wohnung und ihre ablegerfreudige Begrünung im Sommer 2016 viral gingen, war das für mich eine ziemliche Überraschung. Natürlich waren Pflanzen etwas Tolles und gerade angesagt. Natürlich hatte auch die schiere Menge meiner Pflanzen etwas damit zu tun. (Ich pflege aktuell rund 550 Pflanzenarten und 200 Zuchtformen, die sich auf über 1000 Exemplare verteilen), aber viele Leute staunten eher über etwas viel Größeres.

Seit ich die Online-Fragen lese, andere zum Meditieren oder für eine Besichtigung einlade, freiwillige Helfer und Passanten durch unsere Gemeinschaftsgärten führe, öffentlich, privat und online Pflanzenworkshops leite und eine pflanzenorientierte Karriere einschlage, stelle ich mir ganz neue Fragen: Warum sind die Menschen von all diesen Pflanzen derart fasziniert?

 »Ich habe mit Winterdepressionen und Angstattacken zu kämpfen. (…) Dann las ich, dass man mit Pflanzen, Kerzen und weichen, organischen Oberflä-

chen zu Hause eine warme, behagliche Atmosphäre erzeugen kann, *hygge,* wenn man so will. Ich fing an, Pflanzen zu sammeln und die schon vorhandenen besser zu versorgen. Während ich mich in das Thema Pflanzenpflege einlas, stellte ich fest, dass sie nicht nur ästhetisch dazu beitrugen, dass es mir besser ging. Vielmehr stellte sich heraus, dass mir die Pflanzenpflege Freude machte. Ich hatte das Gefühl, etwas Positives zu leisten, wenn sie gut gediehen.«
– Katey

 »Es vermittelt mir ein Gefühl der Zufriedenheit, wenn ich mich um Pflanzen kümmern kann. Es tut so gut, sie wachsen zu sehen, zu erkennen, was sie mögen und was nicht. Wenn ich in mein Zimmer gehe und meine Pflanzen sehe, geht mir das Herz auf. Sie sind alle meine Kinder.«
– Alexis Ortiz

 »Meine Wohnung ist nicht besonders groß. Darum wollte ich sie ›lebenswert‹ machen. Dafür holte ich mir als Erstes ein paar Pflanzen, und ich staunte, wie sehr sie den Raum aufwerteten. Jetzt habe ich so viele Pflanzen, wie ich nur unterbringen kann. Genau das habe ich wohl gebraucht – etwas, das mir ein Gefühl von Sicherheit, Wärme und Geborgenheit vermittelt.
– Julius R.

Ein Teil davon hängt natürlich mit der geradezu unheimlichen Fähigkeit zusammen, eine Pflanze am Leben zu erhalten (ganz zu schweigen von Hunderten), aber das ist nur das oberflächliche Erstaunen. Was die Leute eigentlich fasziniert, wie die Pflanzen meine Wohnung zu einem einzigartigen Ort und einem Zuhause machen. So begreifen sie, dass es bei Pflanzenpflege auch um Selbstfürsorge geht, um eine Umgebung, in der man drinnen wie draußen leben möchte, und das ist sicher eine der wichtigsten Lektionen, die uns die Pflanzen lehren können.

NATUR UND KUNSTSINN

Wenn ich morgens aufwache, begrüßen mich meine Pflanzen. Sie sind so präsent, dass es mir schwerfallen würde, nicht an sie zu denken. Sie gehören so untrennbar zu meiner Wohnung, als würden sie aus den Wänden und den Möbeln wachsen. Vermutlich betrachte ich sie deshalb als »lebende Kunstwerke«.

Niemand zweifelt an der Schönheit der Natur. Intuitiv erfassen wir die Schönheit der Strukturen von eingerollten Farntrieben, Pinienzapfen oder Sonnenblumen, obwohl wir kaum erklären können, *warum* sie schön sind. Deshalb hat die Natur den Menschen seit Beginn unserer Kultur inspiriert – von den Darstellungen der Pflanzen im alten Mesopotamien und Ägypten bis hin zu den Malern der Hudson River School. Die Lehren des *Sakuteiki,* jenes japanischen Gartenleitfadens aus dem 11. Jahrhundert, raten sogar:

»Stell dir die berühmtesten Landschaften deines Landes vor und erfasse ihre interessantesten Punkte. Und dann erzeuge in deinem Garten die Essenz dieser Anblicke, aber nicht im strengen Sinne, sondern als Interpretation.« Diese Worte weisen uns an, uns von der Natur an die Hand nehmen zu lassen, so zu pflanzen, wie sie es tun würde, aber mit künstlerischer Freiheit. In diesem Prozess wird die menschliche Interpretation zur Kunst. Zu unserem Glück machen Pflanzen es uns leicht, Schönheit zu erkennen.

Und ist mein Zuhause nicht ein sehr zahmer Ausdruck der Natur? Ich betrachte es als einen künstlerischen Versuch, gleich einem Panorama, zu demonstrieren, wie die Natur aussehen könnte, wenn sie in einem Kasten aus Ziegel, Glas und Zement wachsen müsste, angewiesen auf Menschenhände. Doch im Gegensatz zu den meisten Bildern und Skulpturen ist das blühende Leben in meiner Wohnung unablässig im Wandel. Und andersherum regt die ständige Gegenwart der Natur auch den Schöpferwillen an und damit das Entstehen von Nachbildungen und Abbildern. Ihre mächtige und doch stille Energie bringt eine Kreativität hervor, die sich sogar wissenschaftlich messen lässt, da wir Menschen unbestreitbar mit einer unbewussten Kraft in Kontakt sind, die stets gegenwärtig ist, auch wenn uns dies nicht immer bewusst ist. Wir preisen unsere Erzeugnisse als »Entdeckungen« und »Erfindungen« an, dabei sind sie lediglich unsere eigenen Interpretationen und Versuche, etwas neu zu kreieren, was im Grunde längst perfekt ist.

Dich mit der Schönheit der Natur zu umgeben wird dich zweifellos mit großer Ruhe erfüllen. Ungefähr viermal im

Jahr öffne ich mein Heim für andere Menschen aus der Stadt zum gemeinsamen Meditieren. Wer zum ersten Mal dabei ist, staunt über die Pracht der Pflanzen. Ungläubig stolpern die Leute am Eingang aus ihren Schuhen, und in der Regel verlassen sie meine Wohnung mit neuer Wertschätzung für Pflanzen und dem Wunsch, auch ihr Leben dadurch zu bereichern. Meine Pflanzen sind keineswegs übertrieben in Szene gesetzt, denn sie fühlen sich an ihrem jeweiligen Platz ausgesprochen wohl, aber dennoch kann es einem die Sprache verschlagen, wie eine große *Monstera deliciosa* einen bemoosten Balken emporklettert oder ein *Epipremnum aureum* einen Ganzkörperspiegel umfließt, nur um auf der anderen Seite wieder nach oben zu klettern. Verschiedene Philodendren und Efeututen winden sich um einen Pfeiler aus Hartholz, und eine *Hedera helix* hat sich in jedem Winkel eingenistet, der ihren groben, bürstenartigen Wurzeln Halt bietet. Die Pflanzen haben sich diesen Ort ebenso erobert wie ich, und es macht mich auch ein wenig glücklich, das mit anderen zu teilen.

Pflanzen sind von Grund auf friedliche Wesen. Vielleicht liegt es aber auch in ihrer Natur, Frieden zu verströmen. Wer Zimmerpflanzen besitzt, kennt diese Eigenschaft vermutlich und dürfte nicht sonderlich erstaunt sein, dass es inzwischen klare Belege gibt, dass Pflanzen in Innenräumen den Anwesenden Trost, Ruhe und sogar kreative Impulse vermitteln. Was uns zu einer gut fundierten Theorie führt, die der Biologe E. O. Wilson populär machte: Es gibt eine angeborene Neigung des Menschen, den Kontakt mit der Natur zu suchen, die als *Biophilie* bezeichnet wird. Alles in allem wollen wir in Gegenwart von Pflanzen leben, denn tief in unserem Inneren wissen wir, dass sie uns das Gefühl vermitteln, zu Hause zu sein. Wer sich für ein Leben mit Pflanzen entscheidet, kann auf diese Weise in unseren metaphorischen und spirituellen Garten Eden heimkehren.

NATUR UND GEMEINSCHAFT

»Du heißt Summer Rayne«, sagte ein Uber-Fahrer einst zu mir. Mir war nicht klar, ob seine Bemerkung eine Frage oder eine Feststellung war. Sehnsüchtig verloren sich seine Augen in der Ferne, und als er wieder in den Rückspiegel sah, glänzten sie feucht.

»Ja. Sie sagen das mit so einer Leidenschaft«, sagte ich.

»Mhm«, bestätigte er und lächelte mir kurz über die rechte Schulter zu. »In Indien, wo meine Familie herkommt, feiern wir den ersten Sommerregen. Er hat einen besonderen Geruch, süß und nach Erde.«

Diesen Duft, von dem er so sehnsüchtig sprach, kenne ich gut.

Ich war zwar noch nie beim ersten Sommerregen in Indien, aber ich bin im dicht bewaldeten Nordosten von Pennsylvania groß geworden. Die Penn's Woods, wie dieser Landstrich genannt wird, sind perfekt für ein Kind, das sich für Pflanzen interessiert, denn hier wartet eine reiche Botanik und eine einzigartige geologische Geschichte. Begeistert durchstreifte ich den Wald hinter meinem Haus, wo das erste Tauwetter Frühblüher wie den Ostamerikanischen

Hundszahn *(Erythronium americanum)* aus dem Boden zauberte, dessen strahlend gelbe lilienartigen Blüte nur einen Tag auf den Stängeln prangte, die aus rot-grünen Blättern aufschossen, welche ihrerseits das fleckige Licht am Waldboden imitierten. An den Bäumen kündeten limettengrüne schwellende Blattknospen, die mit ihrer Wachsschicht geradezu militärisch blank glänzten, vom offiziellen Frühlingsbeginn.

Am liebsten waren mir jedoch die taunassen Herbsttage, an denen der Wald das nach Humus duftende Ambrosia des ausladenden Busens der Erde verströmte. Die Blüten der Virginischen Zaubernuss *(Hamamelis virginiana),* die wie zerrupfte gelbe Bänder an dürre, kahle Stängel geknüpft schienen, durchtränkten die Luft mit ihrem zarten Duft. Die vom nächtlichen Klagen der herbstlichen Natur durchweichten Blätterschichten auf dem Waldboden klebten an den Sohlen meiner abgetragenen Mokassins, und ich sog den allgegenwärtigen, intensiven Humusgeruch ein, der sich aus einer Vielzahl erdverhafteter Düfte zusammensetzt.

Der Geruch nasser Erde ist so komplex und vielfältig wie der eines guten Weines für einen Meistersommelier, doch die Grundessenz ist unverwechselbar. Erstaunlicherweise entdeckte ich diesen Duft später nicht im Wald wieder, sondern beim Besuch einer Parfümherstellerin in Kapstadt. Tammy Frazer von Frazer Parfum hatte mich nach meinem absoluten Lieblingsgeruch gefragt, und daraufhin beschrieb ich ihr meine Herbstspaziergänge durch den Wald. Sie suchte kurz hinter dem Tresen und zog dann eine kleine Phiole aus der Schublade. »Das ist *Geosmin*«, sagte sie.

»Klingt nicht sonderlich romantisch«, dachte ich, schnupperte aber neugierig daran. Und da war er: Ein Spaziergang durch den Wald von Pennsylvania, in dieser Flasche. Wie sich herausstellte, ist Geosmin nicht nur in meinen Wäldern zu Hause. Der Name bedeutet »Erdgeruch« und ist aus dem Griechischen abgeleitet. Es handelt sich um eine Mischung, die praktisch überall vorkommt und nicht von der Erde selbst erzeugt wird, sondern von den Mikroben, Algen und Pilzen, die in ihr oder in nahen Gewässern leben. In der Erde scheinen Actinobakterien und Myxobakterien vorzuherrschen. In der Trockenzeit verbreiten die Mikroben Myxosporen, die wie die Sporen von Farnen problemlos einen Transport durch den Wind, an einem Fuß, an einer Feder oder am Fell eines Tieres überstehen. Das Wundersame daran ist jedoch, dass der Boden in dem Moment, wo endlich Regen die ausgedörrte Erde tränkt, mit den lehmigen Überresten all dieser Mikroben schwanger geht. Die Myxobakterien, die von sich zersetzender Materie leben, scheinen sich wie ein Schleimfilm über den Boden zu ziehen und regelrecht auszuschwärmen. Den Actinobakterien wachsen lange Myzelfäden (ähnlich wie bei Pilzen), und häufig leben sie auch in vergleichbarer Weise im Boden, wo sie Stickstoff binden und für die Pflanzenwurzeln bereitstellen, die ihnen zum Tausch ein wenig Pflanzenzucker abgeben – wahre Nachbarschaftshilfe!

Diese Mikroben sind es, die Rüben, Pilzen, Karpfen und Muscheln ihren erdigen Geschmack verleihen. Sie erzeugen aber auch eine Vielzahl an Antibiotika für die Gesundheit von Mensch und Tier und dienen als Ausgangsbasis für viele Insektizide und Pestizide, weil sie von Natur aus ihre Pflanzen schützen und unterstützen. Sie kommen auf der gesamten Erde vor, von der Antarktis bis in die Tropen, vom Meeresstrand bis auf die höchsten Gipfel, in dichten Urwäldern wie in staubtrockenen Wüsten. Darum ist dieser »Erdgeruch« auf der ganzen Welt der typische Duft nach dem Regen. Menschen reagieren unterschiedlich empfindsam auf diesen Geruch, doch im Schnitt nehmen wir bereits eine Note von 0,7 Milliardstel Anteile Geosmin in der Luft wahr. Die Menge, die unsere Sinne derart anregt und so eine instinktive Reaktion aufkommen lässt, ist so winzig, dass die Vermutung besteht, dass dieser Geruch die Frühmenschen einst nach längeren Dürreperioden zur nächsten Nahrungsquelle gelockt haben mag.

Mein Taxifahrer und ich waren fast 13 000 Kilometer voneinander entfernt aufgewachsen, doch wir konnten beide auf eine gemeinsame Erfahrung zurückgreifen, die so gewöhnlich und doch so unglaublich komplex ist wie der Duft der Erde. In der Stadt habe ich nur selten Gelegenheit zu Waldspaziergängen, die mir die Streifzüge meiner Kindheit ins Gedächtnis rufen. Nachdem ich mich von meinem Taxifahrer verabschiedet hatte, fragte ich mich, ob er wohl frische Erde gerochen hatte, seit er sein Geburtsland verlassen hatte.

Derartige Erfahrungen können ein unerwartetes Verbrüderungsgefühl erzeugen, wenn man dafür offen ist. Natürlich wäre es ein Leichtes für uns, das ganze Haus mit Pflanzen zu schmücken und fertig. Doch als soziale Wesen möchten viele Menschen ihre Erlebnisse mit anderen teilen. In den sozialen Netzwerken werden solche Geschichten aktiv geteilt, und man lässt sich gern von anderen inspirieren. Allerdings fällt es mir schwer, über diese Kanäle echte Verbindungen aufzubauen, weil die Interaktion stets auf Mobilgerät oder Bildschirm beschränkt bleibt.

Eines Tages wollte ich herausfinden, ob die Menschen, die mir folgten und denen ich auf Instagram folgte, Interesse daran hätten, einander zu begegnen. Also postete ich die Frage, ob jemand Lust auf eine Pflanzentauschaktion hätte. Dazu müsste man natürlich Pflanzen mitbringen. Zu meiner großen Überraschung reagierten mindestens 50 Leute auf die Idee, und schon begann das große Tauschen – nicht nur in New York, sondern bald überall auf der Welt. Pflanzentauschtage (»Plant swaps«) sind eine phantastische Gelegenheit, Menschen zusammenzubringen, und können so niederschwellig oder offiziell organisiert sein, wie ihr wollt. Meine Regeln waren ganz einfach: Gute Laune mitbringen und mindestens eine ungezieferfreie Pflanze, ob im Topf oder mit nackten Wurzeln, zum Tausch. Um eine Pflanze zu tauschen, musst du eine tauschbereite Person finden und mit ihr reden, wodurch schon viele Kontakte und Freundschaften entstanden sind, was wiederum die Menschen auf der anderen Seite unserer Mobilgeräte menschlicher macht und tiefer miteinander verbindet.

Mein Gemeinschaftsgarten ist ein anderer Ort, der Menschen Raum bietet, um sich zu treffen. Er ähnelt eher einer Patchworkdecke, an der viele Leute mit vielen Ideen mitarbeiten, denn ein Gemeinschaftsgarten lebt von den individuellen und kollektiven Beiträgen all derer, die sich an seiner

Anlage und Erhaltung beteiligen. Ohne meinen Garten hätte ich die meisten Menschen, die dort arbeiten, sicher niemals kennengelernt. Diese Kontakte spornen mich immer wieder an, nicht nur an mein eigenes kleines Stück Erde zu denken, sondern auch einen Beitrag zum Gesamtprojekt beizusteuern. Eine wichtige Lektion, die ich dabei gelernt habe, erwähnte ich bereits: Du selbst erzeugst die Gemeinschaft, in der du leben willst.

 »Ich suchte Zuflucht darin, mehr über Pflanzen zu erfahren, wie man sie versorgt, woher sie kommen, wie man sie vermehrt. (…) Irgendwann entdeckte ich das Pflanzenforum auf Instagram, knüpfte vor Ort neue Bekanntschaften und habe mich ganz den Pflanzen verschrieben. Ich liebe meine Arbeit als Professorin, aber zusätzlich habe ich jetzt ein Hobby, in dem ich völlig aufgehe und für das ich mir tatsächlich Zeit nehme. So kann ich den Stress aus der Universität abbauen. Ich kann mit Fug und Recht behaupten, dass die Pflanzen mir geholfen haben, einige schwierige Ereignisse zu verarbeiten und ein neues Kapitel im Leben aufzuschlagen, in dem ich glücklich bin!« – Sabrina

 »Ich habe Pflanzen immer gemocht, aber was ich an ihnen so richtig liebe, sind all die Menschen, die sich genauso für Zimmerpflanzen begeistern können wie ich und denen ich sonst weder online noch offline begegnet wäre. Im Oktober 2017 ging ich zum ersten

Mal zum Pflanzentauschen und tauschte gleich mehrfach. Wenn ich jetzt sehe, wie [diese Pflanzen] seitdem
gewachsen sind, denke ich auch an die Menschen,
von denen ich sie habe.«
– Sammy

»Ich habe furchtbare Stimmungsschwankungen, die
ohne Vorwarnung zuschlagen. Seit ich Pflanzen in
der Wohnung habe, empfinde ich zum ersten Mal
seit langem ein überwältigendes Gefühl von Frieden.
Sie machen mich glücklich. Sie lassen mich morgens
aus dem Bett kommen. Und vor allem ist die Pflan-
zencommunity eine der nettesten Gemeinschaften, zu
denen ich je gehört habe.«
– Ellie Lang

Sobald du Pflanzen erfolgreich in dein Leben eingela-
den hast, geh doch den nächsten Schritt und schließe dich
anderen Pflanzenfreunden an oder baue eine passende
Runde auf. Das ist nur eine weitere von vielen Möglichkeiten, der toxischen Einsamkeit des modernen Stadtlebens ent-
gegenzutreten.

PFLANZEN INSPIRIEREN DAZU, UNSER VOLLES POTENZIAL AUSZUSCHÖPFEN

Während der Arbeit an diesem Buch rief mein Freund und Kollege Allan Schwarz an, der Architekt und Waldschützer, der als Soldat in der Wüste Namibias *Lithops* bemerkt hatte. Er meldet sich nicht mehr so oft wie früher, aber wenn er es tut, gibt es immer etwas Wichtiges zu besprechen.

Allan ist kein Mensch, der tatenlos zusieht, wenn jemand oder etwas Hilfe braucht. Wenn er lange genug über seine Arbeit reden kann, steigen ihm die Tränen in die Augen. Er leistet harte Arbeit, die sich wirklich lohnt, aber einerseits sehr undankbar ist, andererseits tief in ihm verwurzelt. An jenem Tag saß ich am Schreibtisch und arbeitete, als er mich anrief, um mir sein Herz auszuschütten. Ich hörte den Stolz in seiner Stimme, während er sprach, aber auch den niedergeschlagenen Beiklang, und konnte spürten, wie es ihm erging. »Ich will dich nicht mit dem ganzen üblichen Quatsch langweilen, wie die Regierung sich bereichert und so«, fing er an, »aber ich muss mir wirklich Gedanken machen, ob ich so weitermachen kann.« Er stieß einen leisen Seufzer aus, in dem ungläubige Fassungslosigkeit mitschwang. »Ich werde auch älter, und ich weiß nicht, wie viel…«

Ich unterbrach ihn, weil ich nicht wollte, dass er das aussprach, was er glaubte, aussprechen zu müssen, denn eines war mir klar: Wenn er nach 20 Jahren sein Lebenswerk aufgab, wäre dies für ihn gleichbedeutend damit, sich die Arme abzuhacken oder sein Kind wegzugeben. »Nimm dir doch bitte den ganzen September Zeit, um noch einmal gründlich darüber nachzudenken«, schlug ich ihm vor. »Sortiere deine Gedanken und überleg dir, was aus realistischer Sicht am wichtigsten und tatsächlich machbar ist.«

Menschen wie Allan sind selten. Von ihnen gibt es nicht einen auf eine Million, sondern eher einen auf 100 oder gar 500 Millionen. Er pflanzt in entwaldeten Regionen neue Bäume an, um das Land zu erhalten und zu heilen, damit die ursprüngliche Vegetation dort nicht nur überleben, sondern wieder wirklich gedeihen kann. Ich habe einige Zeit bei ihm verbracht, in der wir Samen sammelten, Setzlinge pflanzten und Öl pressten, aber verglichen mit den Jahrzehnten, die er voller Hingabe und Zähigkeit für dieses Land, seine Pflanzen und seine Bewohner geschuftet hat, ist das nicht der Rede wert.

Ich möchte behaupten, dass jeder, der dieses Buch im Laden entdeckt oder geschenkt bekommen hat, für die Pflanzen und die Ökosysteme, aus denen sie stammen, die gleiche Liebe und Sorge empfindet wie Allan. Nicht jeder ist in der Lage, eine vergleichbare Aufgabe anzugehen. Nicht jeder bekommt die Chance, die von mir beschriebenen Ökosysteme zu erleben. Aber wir sollten uns bewusst machen, dass jeder von uns unabhängig von der eigenen Rolle etwas zum Positiven verändern kann, nicht nur in unserem eigenen Leben, sondern auch im Leben anderer – besonders, nachdem wir nun so viel mehr darüber wissen, was die Pflanzen uns lehren können! Vielleicht gibt es nicht viele Allans auf der Welt, die ihre Lebensaufgabe darin sehen, möglichst viele der Pflanzen, die wir lieben (oder noch gar nicht kennen), zu bewahren, und vielleicht gibt es nicht so viele Züchter, aber es gibt definitiv viele Pflanzenfreunde und solche, die es noch werden wollen. Jede und jeder von uns kann auf individueller und kollektiver Ebene positive Veränderungen anstoßen – am besten gemeinsam!

Die Natur beschenkt uns großzügig, und dafür verlangt sie kaum einmal mehr, als dass wir in Zeiten der Not auf sie achten. Alle Zimmerpflanzen der Welt könnten niemals die Natur ersetzen. Sie können uns jedoch ihre wahre Geschichte zuflüstern, wie sie in unsere Häuser gelangt sind, und so unsere Neugier anstacheln. Damit bilden sie eine Linse in die weite Welt, die über den Pflanzenladen hinausgeht, und könnten uns auf ihre stille, bescheidene Weise ermuntern, diese Erde besser zu bewahren. Das ist eine der wichtigsten Lektionen, die mir meine Pflanzen vermittelt haben, und darum ermuntere ich Menschen, über das Grün im eigenen Heim hinauszublicken und sich mit anderen kurzzuschließen. Denn es geht darum, da draußen etwas zu verändern. Pflanzen schenken uns ein Gefühl des Friedens, das Gefühl, am richtigen Ort zu sein, und wenn wir diese Welt – über unsere vier Wände hinaus – als unsere Heimat betrachten wollen, kann ich mir keinen besseren Einstieg vorstellen, als eine Pflanze zu pflegen.

DANK

Kein Buch entsteht für sich allein, und *Pflanzenliebe* bildet da keine Ausnahme. Ein dickes Dankeschön gebührt Tony Gardner, meinem lieben Freund und Literaturagenten. Du legst dich nicht nur regelmäßig für mich ins Zeug, sondern nimmst dir auch stets kostbare Zeit zum Zuhören, wenn ich unbedingt etwas loswerden muss. »Stets zu Diensten«, sagst du dann, aber du weißt selbst, dass es weit darüber hinausgeht. Die Zusammenarbeit mit dir weckt in mir den Wunsch, weitere Bücher zu schreiben!

Meine Autorenkollegin Sarre Vartan war mir in den frühen Stadien eine große Hilfe. Beim Schreiben verrennt man sich nur allzu leicht in den eigenen Gedankengängen. Deshalb bin ich unendlich dankbar, dass du dir die Zeit genommen hast, mir als Resonanzkörper zu dienen *und* ein kritisches Auge auf den Text zu werfen. Und ein High Five für meinen Illustrator Mark Conlan! Ich habe dich vor Jahren kontaktiert, weil ich deinen Stil liebe, und ich bin so dankbar, dass du mein Buch (und die Houseplant Masterclass) für mich illustriert hast. Deinem kreativen Talent verdankt dieses Buch so viel Energie!

Von ganzem Herzen danke ich Sander Van Dijk – als Partner, kreativem Kollegen und Freund. Du hast dir wirklich viel Pflanzenpalaver anhören müssen und mir meine Leidenschaft auf so vielfältige Weise ermöglicht. Deine Freundlichkeit, Großzügigkeit und Unterstützung im Laufe der Jahre waren grenzenlos, und dafür stehe ich ewig in deiner Schuld. Damon Horowitz danke ich, dass er mich sofort ermuntert hat, mein Blog Homestead Brooklyn ins Leben zu rufen – ohne deinen damaligen Vorschlag wäre dieses Buch vermutlich nie entstanden. Ich danke auch meinem anderen besten Freund und Kollegen, Joey L., der mir in dieser großen Stadt, die wir unsere Heimat nennen, so nahesteht wie ein Familienmitglied.

Ich danke dem Team von Optimism Press: Meinem Freund und Landsmann Simon Sinek – wer hätte gedacht, dass aus einer Zufallsbegegnung am Taxistand Freundschaft und Zusammenarbeit erwachsen könnten? Seit wir uns kennen, unterstützt du mich. Danke, dass du nicht nur an mich geglaubt hast, sondern auch dafür gesorgt hast, dass dieses Buchkonzept in deinem Verlag wahr werden durfte. Und dem Rest des Teams: Meine Lektorin Leah Trowborst hat mich angespornt, im größeren Rahmen zu denken und meine Sache besser zu machen, und blieb doch immer unglaublich offen für alle meine Vorschläge. Toni Sciarra Poynter: Ich werde dir ewig dankbar sein, dass du dich entschieden hast mitzumachen. Du hast dir Zeit zum Zuhören genommen und mir geholfen, einige der heikelsten und herausragendsten Aussagen zu formulieren. Dank dir sieht dieses Buch nun so aus, wie es ist. Adrian Zackheim, Helen Healey, Christopher Sergio, Madeline Montgomery, Marisol Salaman, Tara Gilbride, Olivia Peluso, Jean Hartig, Sally Knapp, Meredith Clark, Gabriel Levinson, der »Start with Why«-Crew, und allen, denen ich erst noch begegnen muss oder die ich vergessen habe: Vielen Dank.

Ein besonderer Dank gebührt all den Menschen, die ich für dieses Buch interviewt habe, einschließlich derer, die am Ende leider doch nicht zitiert wurden. Hierzu zählen unter anderem: Peter Fraissinet, William L. Crepet, Anna Stalter, Lawrence McCrea, Chad Husby, Chad Davis, Munther Younes, Bruce Bugbee, Richard Lenat, Steve Rosenbaum und Bob Hoffbauer. Ich danke auch den Professoren und Mentoren, die mich über die Jahre geformt haben: Ernie Keller, Chet Kowalsky, the late Tom Eisner, Barbara Bedford, Ellen Harrison, Tom Gavin, Bobbi Peckarsky, Allan Schwarz, Wade Davis, Martin von Hildebrand und vielen anderen. Ein herzliches Dankeschön gilt den Menschen aus aller Welt, die offen genug waren, mir für dieses Buch ihre ganz persönlichen, kostbaren Geschichten zur Verfügung zu stellen. Ich hoffe, ihr erkennt, wie wertvoll das ist – nicht nur für den Text, sondern auch für alle anderen, die *Pflanzenliebe* lesen.

Allen, die dieses Buch lesen, danke ich, dass ihr unterstützt, was ich geschrieben habe. Ich hoffe, es erfreut und inspiriert euch. Und ich lade euch herzlich ein, über meine anderen Kanäle wie YouTube, Instagram und Facebook und meine Websites homesteadbrooklyn.com und houseplantmasterclass.com mehr über die wundersame Welt der Pflanzen zu erfahren.

Der abschließende Dank jedoch gebührt meiner Familie: Meinen Eltern Bob und Diane, meinen Großeltern Smittie und Lil und meinem Bruder Travis. Danke, dass ihr meine Verrücktheit mit mir feiert!

WEITERFÜHRENDE INFORMATIONEN

Wer mehr von Summer Rayne Oakes hören möchte, findet sie auf:

HOMESTEAD BROOKLYN
homesteadbrooklyn.com
Ein Fotoblog mit Tipps zum Gärtnern, selbstgekochten Rezepten und vielem mehr.

PLANT ONE ON ME
youtube.com/user/summerrayneoakes
Ein YouTube-Kanal mit Pflanzentipps für drinnen und draußen, Erklärungen zu Pflanzenpflege, botanischen Exkursionen und immer wieder einem Blick hinter die Kulissen von botanischen Gärten, Gewächshäusern und Gartenfreunden.

HOUSEPLANT MASTERCLASS
houseplantmasterclass.com
Umfassender Videokurs auf Englisch, in dem Summer
Rayne Oakes ihr Wissen über Zimmerpflanzen vermittelt.

INSTAGRAM
@homesteadbrooklyn
Instagram-Kanal für die tägliche Inspiration und Einblicke
in die Welt der Pflanzen und des Gärtnerns.

ANMERKUNGEN

1 Lamber, Lisa. »More Americans move to cities in past decade-Census.« *Reuters*, 26. März 2012. https://reuters.com /article/usa-cities-population/more-americans-move-to-cities-in-past-decade-census-idUSL2E8EQ5AJ20120326.

2 »Millennials Prefer Cities to Suburbs, Subways to Driveways.« *Nielsen*, 4. März 2014. http://nielsen.com/us/en/insights/news/2014/millennials-prefer-cities-to-suburbs-subways-to-driveways.html.

3 »68 % of the world population projected to live in urban areas by 2050, says UN.« *United Nations Department of Economic and Social Affairs*, 16. Mai 2018. https://un.org/development/desa/en/news/population/2018-revision-of-world-urbanization-prospects.html.

4 Nelson, Bailey und Brandon Rigoni. »Few Millennials Are Engaged at Work.« *Gallup*, 23. Januar 2019. https://news.gallup.com/businessjournal/195209/few-millennials-engaged-work.aspx

5 Primack, Brian A., Ariel Shensa, Cesar G. Escobar-Viera, Erica L. Barrett, Jaime E. Sidani, Jason B. Colditz und A. Everette James. »Use of multiple social media platforms and symptoms of depression and anxiety: A nationally-representative study among US young adults.« *Computers in Human Behavior* 69 (2017): 1–9.

6 Calfas, Jennifer. »Millennials Spend a Big Part of Their Work Day Stressed Out By Their Finances.« *Money*, 1. Juni 2017. http://money.com/money/4794497/millennials-finances-money-stressed-work/.

7 Dugan, Andrew und Stephanie Marken. »Student Debt Linked to Worse Health and Less Wealth.« *Gallup*, 7. August 2014. http://

news.gallup.com/poll/174317/student-debt-linked-worse-health-less-wealth.aspx.

8 *Garden Research*. National Gardening Survey 2016 Edition.

9 Tan, Audrey. »Not a concrete jungle: Singapore beats 16 cities in urban green areas.« *Straits Times,* 23. Februar 2017. https://straitstimes.com/singapore/environment/not-a-concrete-jungle-singapore-beats-16-cities-in-green-urban-areas.

10 »Urban Heat Island in Singapore.« *Cooling Singapore*, 23. Januar 2019. https://www.coolingsingapore.sg/uhi-singapore.

11 Urban Heat Island in Singapore.« *Cooling Singapore*, 23. Januar 2019. https://www.coolingsingapore.sg/uhi-singapore.

12 Ministry of the Environment and Water Resources Ministry of National Development. *Sustainable Singapore Blueprint 2015: Our Home, Our Environment, Our Future.* 2015. https://sustainabledevelopment.un.org/content/documents/16253Sustainable_Singapore_Blueprint_2015.pdf.

13 South, Eugenia C., Bernadette C. Hohl, Michelle C. Kondo, John M. MacDonald und Charles C. Branas. »Effect of greening vacant land on mental health of community-dwelling adults: A cluster randomized trial.« *JAMA Network Open* 1, Nr. 3 (2018): e180298-e180298. https://jamanetwork.com/journals/jamanetworkopen/fullarticle/2688343.

14 Chang, Chen-Yen und Ping-Kun Chen. »Human response to window views and indoor plants in the workplace.« *HortScience* 40, Nr. 5 (2005): 1354–59.

15 Ulrich, Roger S. »View through a window may influence recovery from surgery.« *Science* 224, Nr. 4647 (1984): 420–21.

16 Lee, Min-sun, Juyoung Lee, Bum-Jin Park und Yoshifumi Miyazaki. »Interaction with indoor plants may reduce psychological and physiological stress by suppressing autonomic nervous system activity in young adults: a randomized crossover study.« *Journal of Physiological Anthropology* 34, Nr. 1 (2015): 21.

17 Wichrowski, Matthew J., Jonathan Whiteson, Francois Haas, Ana Mola und Mariano J. Rey. »Effects of horticultural therapy on mood and heart rate in patients participating in an inpatient cardiopulmonary rehabilitation program.« *Journal of Cardiopulmonary Rehabilitation and Prevention* 25, Nr. 5 (2005): 270–74.

18 Gerlach-Spriggs, Nancy, Richard Enoch Kaufman und Sam Bass Warner Jr. *Restorative Gardens: The Healing Landscape.* New Haven, CT: Yale University Press, 2004.

19 Nightingale, Florence. *Notes on Nursing (Revised with Additions).* London: Balliere Tindall, 1996.

20 Park, Bum-Jin, Yuko Tsunetsugu, Tamami Kasetani, Takahide Kagawa und Yoshifumi Miyazaki. »The physiological effects of Shinrin-yoku (taking in the forest atmosphere or forest bathing): evidence from field experiments in 24 forests across Japan.« *Environmental Health and Preventive Medicine* 15, Nr. 1 (2010): 18; Lee, Juyoung, Bum-Jin Park, Yuko Tsunetsugu, Tatsuro Ohira, Takahide Kagawa und Yoshifumi Miyazaki. »Effect of forest bathing on physiological and psychological responses in young Japanese male subjects.« *Public Health* 125, Nr. 2 (2011): 93–100; Li, Qing, K. Morimoto, M. Kobayashi, H. Inagaki, M. Katsumata, Yukiyo Hirata, Kimiko Hirata et al. »Visiting a forest, but not a city, increases human natural killer activity and expression of anti-cancer proteins.« *International Journal of Immunopathology and Pharmacology* 21, Nr. 1 (2008): 117–27; Li, Q., K. Morimoto, A. Nakadai, H. Inagaki, M. Katsumata, T. Shimizu, Y. Hirata et al. »Forest bathing enhances human natural killer activity and expression of anti-cancer proteins.« *International Journal of Immunopathology and Pharmacology* 20, Nr. S2 (2007): 3–8.

21 Campbell, Helen. *Darkness and Daylight; Or, Lights and Shadows of New York Life: A Woman's Story of Gospel, Temperance, Mission, and Rescue Work.* Hartford, CT: A.D. Worthington & Company, 1892.

22 Dugan, Frank M. »Shakespeare, plant blindness, and electronic media.« *Plant Science Bulletin* 62, Nr. 2 (2016): 85–93.

23 Krosnick, Shawn E., Julie C. Baker und Kelly R. Moore. »The Pet Plant Project: Treating Plant Blindness by Making Plants Personal.« *The American Biology Teacher* 80, Nr. 5 (2018): 339–45.

24 Dehgan, Bijan. *Public Garden Management: A Global Perspective.* Vol. 2. Xlibris Corporation, 2014.

25 Dehgan, Bijan. *Public Garden Management: A Global Perspective.* Vol. 2. Xlibris Corporation, 2014.

26 Biggs, Caroline. »Plant-Loving Millennials at Home and at Work.« *New York Times,* 9. März 2018. https://nytimes.com/2018/03/09/realestate/plant-loving-millennials-at-home-and-at-work.html.

27 Gagliano, Monica, Mavra Grimonprez, Martial Depczynski und Michael Renton. »Tuned in: plant roots use sound to locate water.« *Oecologia* 184, Nr. 1 (2017): 151–60.

28 Stuntz, Sabine, Ulrich Simon und Gerhard Zotz. »Rainforest air-conditioning: the moderating influence of epiphytes on the microclimate in tropical tree crowns.« *International Journal of Biometeorology* 46, Nr. 2 (2002): 53–59.

29 Dawson, Todd E. »Hydraulic lift and water use by plants: implications for water balance, performance and plant-plant interactions.« *Oecologia* 95, Nr. 4 (1993): 565–74.

30 Nobre, Antonio Donato. *The Future Climate of Amazonia, Scientific Assessment Report.* Translated by American Journal Experts, Margi Moss. Sao Jose dos Campos, Brazil: ARA, CCST-INPE, INPA, 2014.

31 Hoorman, J. J. »The Role of Soil Bacteria.« *Agriculture and Natural Resources Fact Sheet SAG: 13–11.* Columbus, OH: Ohio State University, 2011.

32 Ingham, Elaine, Andrew R. Moldenke und Clive Arthur Edwards. *Soil Biology Primer.* Soil and Water Conservation Society, 2000.

33 Mendes, Rodrigo, Paolina Garbeva und Jos M. Raaijmakers. »The rhizosphere microbiome: significance of plant beneficial, plant pathogenic, and human pathogenic microorganisms.« *FEMSMicrobiology Reviews* 37, Nr. 5 (2013): 634–63.

34 Delory, Benjamin M., Pierre Delaplace, Marie-Laure Fauconnier und Patrick Du Jardin. »Root-emitted volatile organic compounds: can they mediate belowground plant-plant interactions?« *Plant and Soil* 402, Nr. 1–2 (2016): 1–26.

SACHREGISTER

ENTDECKEN SIE DIE SCHÖNSTEN SEITEN DES LEBENS.

Um die ganze Welt des Mosaik Verlags kennenzulernen, besuchen Sie uns doch im Internet unter: *www.mosaik-verlag.de*

Dort können Sie
nach weiteren interessanten Büchern *stöbern*,
Näheres über unsere *Autoren* erfahren,
in *Leseproben* blättern, alle *Termine* zu
Lesungen und Events finden und den *Newsletter*
mit interessanten Neuigkeiten, Gewinnspielen
etc. abonnieren.

Ein *Gesamtverzeichnis* aller lieferbaren Bücher finden Sie dort ebenfalls.

www.mosaik-verlag.de